内蒙古丹锡高速公路经棚至乌兰布统段品质工程创建理念与实践

主　编　乔　志
副主编　赵建雄　王志磊　张党正　张　军

人民交通出版社股份有限公司
北京

内 容 提 要

本书介绍了内蒙古丹锡高速公路经棚至乌兰布统段品质工程建设的理念与实践，从建设、设计、管理、科技、质量、安全、生态、企业方面介绍项目建设过程中形成的一系列可供参考、复制的优秀经验做法。

本书可供交通运输基础设施建设行业从业人员参考。

图书在版编目(CIP)数据

内蒙古丹锡高速公路经棚至乌兰布统段品质工程创建理念与实践 / 乔志主编 . —北京：人民交通出版社股份有限公司，2021.8
ISBN 978-7-114-17409-4

Ⅰ.①内… Ⅱ.①乔… Ⅲ.①高速公路—道路建设—内蒙古 Ⅳ.①U412.36

中国版本图书馆 CIP 数据核字(2021)第 112125 号

Neimenggu Danxi Gaosu Gonglu Jingpeng Zhi Wulanbutong Duan
Pinzhi Gongcheng Chuangjian Linian yu Shijian

书　名：	**内蒙古丹锡高速公路经棚至乌兰布统段品质工程创建理念与实践**
著 作 者：	乔　志
责任编辑：	张维青　朱明周
责任校对：	刘　芹
责任印制：	张　凯
出版发行：	人民交通出版社股份有限公司
地　　址：	(100011)北京市朝阳区安定门外外馆斜街 3 号
网　　址：	http://www.ccpcl.com.cn
销售电话：	(010)59757973
总 经 销：	人民交通出版社股份有限公司发行部
经　　销：	各地新华书店
印　　刷：	北京交通印务有限公司
开　　本：	787×1092　1/16
印　　张：	11.5
字　　数：	242 千
版　　次：	2021 年 8 月　第 1 版
印　　次：	2021 年 8 月　第 1 次印刷
书　　号：	ISBN 978-7-114-17409-4
定　　价：	100.00 元

(有印刷、装订质量问题的图书由本公司负责调换)

编审委员会

主　编：乔　志
副主编：赵建雄　王志磊　张党正　张　军
编　委：赵　胜　张志强　周义君　周用山　张亚荣　贾　俊　僧格仁钦
　　　　邹　晓　陈志忠　杨志勇　元少波　陈建华　王纬东　马　伟
　　　　刘　炜　赵学敏　张志芳　闫旭亮　路俊杰　范振华　郭海文
　　　　王志威　应世明　任中杰　孙二俊　田雨君　朱　虹　赵世杰
　　　　牛昌昌　张　旭　贺慧鋆　王立军　乔冠华　杨雅玲　王迎丹
　　　　乔瑞平　乔素龙　常　征　卢海峨　李　洋　李志国　刘佳斌
　　　　穆兴茂　张　文　赵　宝　王　宇　孙广宁　蔡海军　陈　旭
　　　　刘文鑫　韩　超　黄　鑫　张拴柱　王占军　赵兰枝　王志会
　　　　付二全　米学伟　曹美玲　宋有钱　孙海鹏　孙长在　银燕青
　　　　冯占东　周志远　汤成龙　宋承航　耿东山　郭登峰　李爱国
　　　　武博强　樊浩伦
统　稿：赵建雄　王志磊　张　军　孙建伟

序 PREFACE

习近平总书记在党的十八届五中全会上提出了"创新、协调、绿色、开放、共享"的五大发展理念,指出要牢牢把握交通运输发展先行官的定位,贯彻落实新发展理念。"十三五"以来,交通运输行业坚持以创新、协调、绿色、开放、共享新发展理念为引领,以供给侧结构性改革为主线,多点发力,交通基础设施建设领域取得长足进步。

党的十八大以来,习近平总书记对工程质量安全工作做出一系列重要指示批示。习近平总书记在考察北京新机场和港珠澳大桥时强调,必须全力打造精品工程、样板工程、平安工程、廉洁工程。习近平总书记在规划建设川藏铁路时要求发扬"两路"精神和青藏铁路精神,高起点高标准高质量推进工程规划建设。对标对表习近平总书记的一系列指示要求,对照新时代经济社会发展和人民群众对交通基础设施的新期待,交通基础设施在新阶段的高质量发展有了更高标准和要求。

加快建设交通强国,是以习近平同志为核心的党中央立足国情、着眼全局、面向未来做出的重大战略决策。《交通强国建设纲要》提出打造一流设施、一流技术、一流管理、一流服务,推进精品建造和精细管理,增强设施耐久性和可靠性,建设人民满意、保障有力、世界前列的交通强国。要紧紧围绕《交通强国建设纲要》确定的宏伟目标,加快改革创新,推动交通基础设施建设由追求速度规模向更加注重质量效益转变、由主要依靠要素驱动向更加注重创新驱动转变、由传统发展方式向高质量发展模式转型。

品质工程是践行"创新、协调、绿色、开放、共享"发展理念、落实"四个交通"发展要求的重要举措,品质工程要坚持管理和技术的传承与创新,深化现代化工程管理,全面提升工程建设理念、管理水平、技术创新水平、质量安全水平。创建

"优质耐久、安全舒适、经济环保、社会认可"的品质工程,既是交通建设的必然发展方向,又是自身建设的内在追求,更是新时期交通基础设施建设的引导和工程建设质量安全工作发展的方向。

内蒙古丹锡高速公路经棚至乌兰布统段建设过程中始终以"优质耐久、安全舒适、经济环保、社会认可"的品质工程建设理念为指导,通过经乌高速公路品质工程创建活动,形成一批可推广、可复制的优秀技术成果,最终汇编形成《内蒙古丹锡高速公路经棚至乌兰布统段品质工程创建理念与实践》。该书从建设、设计、管理、科技、质量、安全、生态、企业等方面,反映了品质工程创建过程和经验心得,内容丰富、形式新颖、针对性强、推广价值高,可为内蒙古自治区乃至全国高速公路品质工程创建提供参考和借鉴。

前言 INTRODUCTION

以习近平新时代中国特色社会主义思想为指导,全面贯彻实施《交通强国建设纲要》,坚持高质量发展,坚持以人民为中心,坚持资源集约高效配置,是深化交通基础设施建设结构性改革的重要举措,是推进交通基础设施品质安全稳步提升的重要途径,对实现我国交通强国建设具有重要意义。2016年,交通运输部印发了《关于打造公路水运品质工程的指导意见》(交安监发〔2016〕216号),明确了品质工程是践行现代工程管理发展的新要求。2017年,《中共中央 国务院关于开展质量提升行动的指导意见》(中发〔2017〕24号)发布,进一步提升了工程项目建设的质量要求。2018年11月,内蒙古自治区党委、人民政府印发了《关于开展质量提升行动的实施方案》,提出了开展建设工程质量安全提升专项行动,确保重大工程建设和运行管理质量,建设百年工程,推进品质工程建设,建立品质工程评价体系、标准体系和管理模式,打造品质工程示范项目的重要决定。

内蒙古丹锡高速公路经棚至乌兰布统段(简称"经乌高速")项目是交通运输部第一批PPP(政府与社会资本合作)试点项目和财政部第二批PPP试点项目,是交通运输部第二批绿色公路建设典型示范工程,项目于2019年全面开工建设,项目建设过程中始终以"优质耐久、安全舒适、经济环保、社会认可"的品质工程建设理念为指导。通过制定《经乌高速工程管理策划书》,对经乌高速公路品质工程建设进行顶层谋划,从"质量、安全、环保、绿色、品质"5个方面提出经乌高速公路品质工程建设目标;制定《经乌高速品质工程创建及实施总体方案》和《经乌高速示范创建项目品质工程建设任务清单》,将经乌高速公路品质工程建设目标进一步细化,明确经乌高速公路品质工程建设各阶段具体建设目标和参建各方具体工作任务;以高素质的设计(咨询)团队为先导,确保高品质的设计成果;以专业化的管理团队为核心,实现项目精细化管理;以标准化建设为基础,提升项目专业化施工水平;以先进科学技术的推广应用为手段,助推项目智慧化建设;以严格落实"三检制""首件制"和试验检测为抓手,确保项目工程建设质量;以平安工地考核和安全教育培训为重点,深化平安工地建设;以"绿水青山就是金山银山"为理念,实现项目建设与自然环境的和谐统一;以强化品质工程文化建设为途径,提高项目参与人员综合素质。

项目建设过程中,从前期策划、方案制定到后期的设计、管理、施工,形成了一系列可供参考、复制的优秀经验做法,为了将建设过程中的优秀设计方案、先进管理经验和施工技术在内蒙古自治区乃至全国推广,我们从经乌高速公路品质工程建设的七个方面进行了系统的总结,形成了本书。本书的出版对推进自治区乃至全国品质工程建设,全面推动自治区交通运输事业又好又快发展,落实自治区交通强国建设具有重要意义。

成书匆忙,加之编写人员水平有限,书中难免有各种纰漏,望各位读者热忱斧正,不胜感激。

作者
2021 年 5 月

目录 CONTENTS

第 1 章　建设——注重理念先行 ········· 1

1.1　项目建设模式 ········· 1
1.2　项目管理模式 ········· 2
1.3　项目建设理念 ········· 4

第 2 章　设计——注重源头品质 ········· 7

2.1　强化系统设计 ········· 7
2.2　注重安全设计 ········· 22
2.3　注重节能环保设计 ········· 27
2.4　加强人性化设计 ········· 30

第 3 章　管理——推行精益建造 ········· 32

3.1　工程管理专业化 ········· 32
3.2　工程管理精细化、智能化 ········· 33
3.3　厂站建设标准化 ········· 41
3.4　施工作业标准化 ········· 50
3.5　班组管理规范化 ········· 84

第 4 章　科技——推进创新应用 ········· 88

4.1　健全科技创新机制 ········· 88
4.2　创新施工工艺工法 ········· 88
4.3　科研项目稳步推进 ········· 113

第 5 章　质量——达到内优外美 ········· 117

5.1　质量管理制度体系完整 ········· 117
5.2　质量过程管控严格 ········· 118

5.3 耐久性施工保障措施 ……………………………………………………… 129

第6章　安全——实现平安工程 …………………………………………… 132

6.1 安全管理制度体系建设 …………………………………………………… 132
6.2 深化平安工地建设 ………………………………………………………… 133
6.3 双重预防体系构建 ………………………………………………………… 141
6.4 强化安全教育培训与应急演练 …………………………………………… 143

第7章　生态——实现绿色环保 …………………………………………… 147

7.1 绿色环保统筹规划 ………………………………………………………… 147
7.2 强化生态环保施工 ………………………………………………………… 149
7.3 注重资源节约 ……………………………………………………………… 157
7.4 注重节能减排 ……………………………………………………………… 161

第8章　企业——塑造品牌形象 …………………………………………… 164

8.1 创建项目党建品牌 ………………………………………………………… 164
8.2 提升项目人员综合素质 …………………………………………………… 167
8.3 加强公路品质工程文化建设 ……………………………………………… 170

第1章 建设——注重理念先行

1.1 项目建设模式

1.1.1 项目概况

经乌高速公路是交通运输部第一批PPP试点项目和财政部第二批PPP试点项目,是交通运输部第二批绿色公路建设典型示范工程,连接了内蒙古自治区和环渤海经济区,是内蒙古自治区重要的出海通道和精品旅游公路。所处的克什克腾旗拥有潢源自然保护区、乌兰布统国家重点风景名胜区、世界地质公园等丰富的旅游资源,蒙元文化、红山文化底蕴深厚,草原景观丰富多彩。提升经乌高速公路工程质量,打造经乌高速公路项目品质工程,对打造高品位的蒙元文化、红山文化和草原风光旅游景观公路,带动沿线资源开发和经济社会发展,树立内蒙古自治区人大和人民政府"质量强区"理念,落实内蒙古自治区交通运输厅关于进一步加快自治区交通建设项目推进的意见,全面推动自治区交通运输事业又好又快发展,引领自治区公路工程质量再上新台阶,完善内蒙古自治区中部区域的路网布局,贯彻"一带一路"倡议、向北开放及西部大开发、振兴东北等均具有重要意义。

项目全线位于赤峰市下辖的克什克腾旗境内,主线路线延伸范围地理坐标在东经 $116°56′\sim117°10′$、北纬 $42°25′\sim42°36′$,由主线、桦木沟连接线等工程组成,主线全长 96.151km。项目起点位于丹锡高速公路大板至经棚段设计终点以西6km处,终点位于营林区河口(蒙冀界),与省际通道(规划G5511)、G1611河北段和丹锡高速公路相连接,主线全长96.151km;为实现地方路网交通转换,布设了桦木沟连接线,长度34.178km。项目总投资60.63亿元,全线于2019年开工建设,建设工期4年。全线设特大桥2座、大桥13座、互通立交5处、管理中心1处、匝道收费站4处、养护工区2处、服务区2处、停车区2处。

1.1.2 项目建设模式

经乌高速公路项目组织管理采用PPP模式运作,采用DBB(设计-招标-建造)模式实施,建设期将采用施工总承包模式。与其他组织管理模式相比,PPP模式具有更高的经济效率、更高的时间效率,能够更加高效地利用建设期时间,同时也有助于实现建管养一体化的有机统一。而施工总承包的建设模式,在优化资源配置、减少资源占用和降低管理成本方面具有明显优势,有利于控制项目工程造价,提升招标层次,增强施工单位全面履约能力,确保施工质量和工期;与此同时,在施工总承包建设模式下,合同管理、组织协调等方面的工作也将更高效,有利于推动现代化、精细化、标准化、规范化的企业管理制度的有效实施。

1.2 项目管理模式

1.2.1 项目前期策划

为更好实现项目全寿命周期建设管理,经乌高速公路项目紧紧围绕"优质耐久、安全舒适、经济环保、社会认可"的品质工程建设要求,建设单位在项目前期制定《经乌高速公路工程管理策划书》,对经乌高速公路品质工程建设进行顶层谋划,从"质量、安全、环保、绿色、品质"5个方面提出经乌高速公路品质工程建设具体目标、总体思路和主要措施,如表 1-1 所示。

项目目标、思路及主要措施　　　　　　　　　　表 1-1

方面	具体目标	总 体 思 路	主 要 措 施
质量	工程交工验收合格,竣工验收优良,争创国优工程	严格贯彻执行"政府监督、法人负责、社会监理、企业自检"的四级质量管理体系。通过建立健全各类制度、预控措施,过程中认真落实质量责任制,严格执行行业标准,实现项目既定目标	各参建单位建立健全质量控制体系及各类质量管理制度,严格执行行业及地方内控标准,严格落实质量追溯及责任制。贯彻"标准化施工、装配化作业、智能化监控、专业化分工、精细化管理"的质量管理理念,努力提高施工作业机械化程度,优化资源配置,推行集约节约利用,全面实现小件预制、钢筋加工、梁板预制工厂化生产。构建质量风险预防体系,消除质量通病。监理单位严格执行各类方案审批制度。认真落实"三检制"和"首件工程认可制"。充分利用第三方监测、检测单位做好质量控制。加强过程耐久性施工保障措施。鼓励科技创新,特别是"微创新"
安全	全力做好安全生产事故的防范工作,确保全年不发生一般(含一般)安全生产责任事故。无群体性公共突发事件发生	坚持以人为本,认真贯彻落实"安全第一、预防为主、综合治理"的方针,全面落实安全生产责任,建立安全生产长效机制,保障项目参建人员的生命和财产安全,按照"谁主管谁负责"的工作原则,规范安全生产管理	树立本质安全理念,提升工程安全服务水平,实现"三个安全"(施工安全、结构安全、使用安全),建立健全安全生产管理体系和制度体系,强化工程安全风险管理体系建设,建立双重预防控制体系,推进机械化、自动化作业,推行施工安全生产标准化,深化"平安工地"建设
环保	声环境、生态环境、水环境、环境空气保护指标达标。水土流失面积、整治扰动土面积、林草植被建设面积、减少水土流失量、土方综合利用率、表土剥离率达标	紧紧围绕项目的《环境影响报告书》和《水土保持方案报告》,认真落实报告中的各项内容	建立健全管理体系和制度,参建单位加强参建人员的环保、水保教育,提高思想意识,做好过程自检、互检。充分利用环保、水保监理、监测单位做好过程监理和监测

续上表

方面	具体目标	总体思路	主要措施
绿色	创建内蒙古首个绿色公路建设典型示范工程，促进公路交通可持续发展，形成系列的技术成果标准体系，提高自治区公路建设水平，实现"保护生态、服务旅游、低碳节能、品质提升"的总体建设目标	紧密围绕本项目沿线生态特点，树立全寿命周期成本理念，将绿色循环低碳理念贯穿始终，实现公路绿色发展。全过程采用绿色技术，全寿命实现绿色效益，全方位进行绿色管理，所有参建单位全员参与绿色实践。全面展示绿色成果，总结形成具有经乌高速公路特色的绿色公路建设体系	在总体线型上实现与景观融为一体，打造高品位的蒙元文化、红山文化和草原风光旅游景观公路，展示辽阔壮美的草原景色，体现热情奔放的蒙古族文化。通过新能源应用、绿色建筑等节能技术，有效地节约资源能源，通过环境保护技术的应用，有效保持周边水环境、动植物资源；通过全线应用标准化施工、BIM（建筑信息模型）技术、工程管理智能化与信息化技术等，极大提高公路建设的品质。充分考虑主线与旅游资源的衔接问题，通过廊道景观与旅游资源的融合、旅游服务设施的建设、服务拓展等措施，带动项目区旅游资源整合，提升旅游服务功能，打造旅游产业链，促进公路沿线旅游产业的发展，培养新的经济增长点。开展施工、运营管理创新探索，完善PPP管理项目，形成可复制、可推广的绿色公路建设管理经验。为未来绿色公路建设的投融资及管理模式提供借鉴。通过开展一系列的绿色循环低碳培训交流与宣传教育，明显增强公路建设者及公路使用者的绿色环保意识
品质	以创建交通运输部"示范创建项目品质工程"为目标，贯彻"标准化施工、工厂化生产、精细化管理、智能化监控"方针，将经乌高速公路打造成一条具有鲜明内蒙古特色的高速公路、精品工程、平安工程和样板工程	以全面贯彻落实党的十八大和十八届五中、六中全会精神，以交通运输部指导意见和评价标准为基础，坚持管理和技术的传承与创新，深化现代工程管理，全面提升经乌高速公路项目建设理念、管理水平、技术创新水平、质量安全水平，全力将项目打造成品质工程。进而争创交通运输部"品质工程"示范项目，推进行业工程品质提升	以高素质的设计（咨询）团队为先导，确保高品质的设计成果，以专业化的管理团队为核心，实现项目精细化管理，以标准化建设为基础，提升项目专业化施工水平，以先进科学技术的推广应用为手段，助推项目智慧化建设，以严格落实"三检制""首件制"和试验室检测为抓手，确保项目工程建设质量，以平安工地考核和安全教育培训为重点，深化平安工地建设，以"绿水青山就是金山银山"为理念。实现项目建设与自然环境的和谐统一，以强化品质工程文化建设为途径，提高项目参与人员综合素质

1.2.2 项目组织管理模式

为进一步加强经乌高速公路品质工程过程管理工作，建设单位创新组织管理模式，通过招标引进社会监理、监测、咨询、技术服务等单位，实现对项目建设的全过程、全方位过程管理。采用"政府监督、法人负责、社会监理、企业自检"的四级质量管理体系强化质量责任落实，全方位保证经乌高速公路工程质量。通过建立高效的信息化管理平台及移动终端应用程序，通过物联网技术应用、BIM（建筑信息模型）技术应用、数字大屏可视化展现等方式，对经乌高速公路工程建设全周期中的重点单位工程进行实时监控，实现工作快速沟通、技术人

3

员准确定位、现场信息及时反馈,以全面提升质量、进度、安全管理水平,实现经乌高速公路项目的现代化组织管理。

1.2.3 项目组织机构

健全有效的组织机构是公路建设管理的基础,是完成公路高品质建设的基本保障,只有建立一个科学合理的项目管理机构,才能保障各项工程、各项工作的高效运行。为加强经乌高速公路建设项目组织保障,确保品质工程建设有序推进,经乌高速公路管理有限责任公司结合项目实际情况和建设需求,设立了品质工程部、财务管理部、安全监督部、质量监督部、工程管理部、征拆协调部、综合管理部共7个部门(图1-1),在职员工共计35人,其中正高级工程师3人,占比9%,高级工程师7人,占比20%,工程师8人,占比23%,助理工程师6人,占比17%。

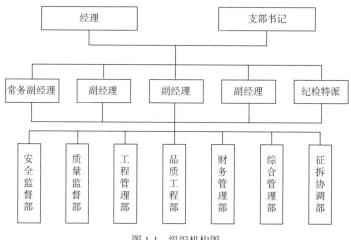

图1-1 组织机构图

1.3 项目建设理念

经乌高速公路品质工程建设项目以"品质建造,理念先行"为指导,以全寿命周期系统设计为基础,以专业化工程管理为手段,以提高工程质量和加强安全生产为核心,以施工标准化和生态环境保护为重点,从设计、管理、创新、质量、安全、绿色环保、品牌塑造七个方面提出了经乌高速公路品质总体创建理念。

1)设计理念

提升工程设计质量,从源头上打造品质工程。面对项目设计难度大、设计单位多、项目所处环境气候恶劣、环境敏感脆弱、减排压力大等多重困难,经乌高速公路品质工程建设单位迎难而上,始终坚持"设计是龙头"的建设方针,坚持系统工程、价值工程、特色工程以及需求引领的设计理念;强化全寿命周期设计、建管养一体化设计,保障工程耐久性及可维护性;倡导项目整体精细化、标准化和设计创作,提升工程质量;严格把控安全设施、灾害预防和应急救援设施的设计质量,提升服务品质及工程本质安全;注重生态防护和节能环保设计,践行"绿水青山就是金山银山"的建设理念,实现项目建设与自然环境的和谐统一;加强工程美学与人性化设计,为项目建设注入特色蒙元文化与人文关怀。

2)管理理念

提升工程管理水平,推行精益建造。为进一步提高工程管理效率,实现全员参与、共同管理的目的,经乌高速公路品质工程建设始终坚持构建以目标为导向的全新管理体系。强化项目前期策划与方案制定工作,为项目各阶段目标化管理提供保障;完善机构健全、人员配备科学的管理体系,提升项目管理效率和管理水平;推进工程精细化、智能化管理工作,努力实现精品工程建设;倡导厂站标准化、施工作业标准化,为提高工程品质提供保障;实现对施工过程的精细化监督管理;强化班组实名制、入退场和工资支付等方面的管理工作,实现班组规范化、人性化管理。

3)创新理念

推进技术创新与应用,发展智慧交通。科技创新是助推交通运输行业不断发展的主要源动力。为努力提升工程项目的内在质量和外在品位,经乌高速公路品质工程建设过程中始终坚持强化以需求为导向的科技创新引领作用。健全科技创新机制与管理制度,为经乌高速公路科技创新发展、科技成果转化以及创新技术在工程全寿命周期中的应用提供保障;倡导工艺工法创新与先进技术应用,提高施工效率,助力智能制造、智慧工地建设;强化科研项目稳步推进工作,为未来交通运输事业的稳步发展奠定基础。

4)质量理念

质量达到新高度,内优外美,保障工程耐久性。工程质量是创建品质工程的根本,经乌高速公路品质工程建设过程中始终坚持"百年大计,质量第一"。强化质量保障体系与质量管理制度构建,为落实工程质量责任、实现问题可追溯以及预防管理质量风险提供保障;立足产品质量先导原则,全面推行"首件制",提高产品批量化生产合格率;严格落实"三检制",保证项目高质量建设;加强工程建设过程中原材料和产品质量管控,从源头把控原材料与产品质量;强化监理单位过程管理工作,提升项目建设过程监管力度;推行先进设备、工艺、工法的创新应用,实现精益建造,保障工程耐久性。

5)安全理念

提升工程安全保障水平,实现平安工程。工程安全、安全生产是工程项目施工建设过程中永恒的主题,经乌高速公路品质工程建设过程中坚持树立"本质安全,预防为主"的建设理念。加强工程项目安全管理策划工作,健全安全管理制度体系,为强化安全责任制的落实提供保障;推进平安工地考核、安全生产标准化工作,提高机械化、自动化设备在危险作业中的应用率,深化平安工地建设;强化安全风险分级管控和隐患治理双重预防体系构建工作,提升安全风险分级管控和隐患治理能力;严格落实安全教育培训与应急演练工作,提升项目人员安全意识、协作能力和应急处置能力。

6)绿色环保理念

发展绿色交通,提升工程环保、节约水平。绿色环保、资源节约是可持续发展的重要举措,是国家对未来交通事业发展提出的新要求。经乌高速公路品质工程创建过程中始终坚持"保护为主,防治结合"的建设原则。强化绿色环保统筹规划工作,健全绿色环保制度管理体系与确保绿色理念落地的具体实施方案,为工程项目绿色环保举措的科学制定和有效落实提供依据;加强对生态环保、资源节约与节能减排工作举措的过程管理,提升绿色环保工作成效;加强生态环境监测与节能环保新技术、新材料在项目中的应用,为打造绿色公路示范工程提供保障。

7)品牌塑造理念

塑造企业品牌,提高企业软实力。企业品牌塑造是树立企业形象、提升企业竞争力的关键,是企业未来发展的重要方向。经乌高速公路从业单位加强人才培养制度建设,强化管理人员的岗位考核和继续教育,创新人才激励与保障机制,着力培养和锻炼一支具备现代工程管理能力、专业技能、良好职业道德的工程管理骨干队伍。从业单位落实培训主体责任,按规定严格实行"上岗必考、合格方用"的培训考核制度。开展职业技能竞赛,建立优秀技工激励机制,推行师徒制模式,鼓励企业建立稳定的技术工人队伍。保障员工合法权益,注重人文关怀,提供体面工作的基本条件。积极培育以提升质量、保障安全为核心,以精益求精、全心投入、以人为本为主要特征的品质工程文化。大力弘扬工匠精神,广泛宣传、积极推动全员参与品质工程创建活动,形成人人关心品质、人人创造品质、人人分享品质的浓郁文化氛围。将品质工程作为工程项目和企业创建品牌的重要载体,引导企业把品质工程作为自身信誉和荣誉的价值追求。通过打造品质工程来提升企业形象,增强企业核心竞争力。

第2章 设计——注重源头品质

2.1 强化系统设计

2.1.1 全寿命周期设计

全寿命周期设计是指在设计阶段就考虑到产品寿命历程的所有环节,使所有相关因素在产品设计分阶段得到综合规划和优化的一种设计理论。全寿命周期设计意味着,设计产品不仅是设计产品的功能和结构,而且要设计产品的规划、设计、生产、经销、运行、使用、维修保养、直到回收再用处置的全寿命周期过程。

经乌高速公路沿线自然环境优美、旅游资源丰富且类型多样、文化资源丰富,沿途有青山冰臼公园、西拉木伦河(当地又称"西拉沐沦")旅游区、国家级自然保护区沙地云杉景区、国家森林公园桦木沟林场、乌兰布统古战场及红山军马场等旅游基地,素有"内蒙古缩影"和"首都御花园"的美誉。沿线文化有红山文化、草原青铜文化、蒙元文化和契丹文化等。但相对落后的交通基础设施严重制约了沿线经济发展,公路建设需求迫切,而相对复杂的地质地貌条件和敏感的自然环境使得项目成本投资较大且短期运营效益不明显。因此本项目在工程可行性研究阶段对路线穿越的主要省份和城市的发展概况和经济社会发展现状进行了全面分析,从地理位置、行政区划和人口、资源物产、经济社会发展现状和发展需求等多个方面论证了项目建设的必要性。同时从社会效益、经济效益以及财务评价三个角度对项目的经济抗风险能力和财务可行性进行了充分的分析,为经乌高速公路项目投资建设奠定了基础。

2.1.2 建养一体化设计

2.1.2.1 工程结构物建养一体化设计

西拉木伦特大桥和萨岭河大桥是项目的重难点控制工程,设计过程坚持"可达、可检、可修"的设计原则,对全过程进行了施工监控,监控过程采用的设备兼顾后期运营使用,成为运营期桥梁健康与安全监测系统的基础组成部分。通过在桥头设计检修踏步,提高建设期上、下路基和运营期管养人员通行的便利性;通过在结构中大量应用模块单元,为后期的维修更换提供便利条件;西拉木伦河特大桥每束拉索布置双索,在拉索寿命期满后,方便实施拉索更换;在桥梁施工过程中预留预埋软硬件设备、设施,为后期桥梁健康检测服务;伸缩缝均设置预留槽口,方便伸缩缝养护更换。

2.1.2.2 房建及其他配套设施建养一体化设计

经乌高速公路项目房建工程一共有服务区2处、收费站6处、养护工区2处、管理中心1处(与收费站合建)、停车区2处、交警营房2处。房建总建筑面积为28342m^2,其中管理用房26322m²，交警用房2020m²。经乌高速公路项目建设过程中为进一步考虑服务设施的远景拓展功能，所有房建设计均采用减少建筑单体、增加建筑体量的设计思路，房建场区内尽可能减少建筑物，绿化用地集中布置。养护工区根据运营需求，养护材料堆放场地预留一部分作为绿化用地。乌兰布统收费站和管理中心宿舍楼、办公楼合建，在场地南边集中预留绿化用地，作为生活菜地和后期扩建用地。

1）服务区设计

为充分考虑服务区的远景拓展和人性化服务功能，根据服务区功能特点对休息大厅、24小时便利店、开水间、母婴室、无障碍卫生间等配套设施进行设计，进一步提高了服务区的服务水平。服务区设计效果图如图2-1、图2-2所示。

图2-1 西拉木伦服务区设计效果图

图2-2 公主湖服务区设计效果图

2）收费站设计

为充分考虑收费站便利化和人性化的设计理念，使收费站位置尽可能靠近收费大棚，同时在收费站综合大楼内设计了相应的办公室、会议室、监控室、餐厅、活动室、阅览室、洗衣房及晾衣间等配套服务设施。蔡木山收费站设计效果图如图2-3所示。

图2-3　蔡木山收费站设计效果图

3）养护工区

为充分考虑养护工区远景拓展功能和形象景观，对养护工区进行了功能区划分和绿化设计，在满足基本运营需求的基础上将养护材料堆放场地预留一部分作为绿化区，从而增加养护工区整体美感。桦木沟养护工区设计效果图如图2-4所示。

图2-4　桦木沟养护工区设计效果图

4）管理中心

管理中心作为经乌高速公路后期运营的主要控制中心，是保障经乌高速公路高效运营的关键所在。设计过程中为保障管理中心远景拓展功能和工作人员生活便利化，对乌兰布统收费站和管理中心宿办楼进行集成整体设计，同时在管理中心区域南侧集中预留了绿化用地，作为生活菜地和后期扩建用地。管理中心设计效果图如图2-5所示。

图2-5　乌兰布统管理中心设计效果图

5)停车区

经乌高速公路沿线自然环境优美、旅游资源丰富且类型多样、文化资源丰富,是重要的旅游基地,每年都有大量游客。为使停车场与自然环境相融合,设计过程中充分考虑了停车场的绿化与景观,营造车辆停放于树荫下的场地布置形式。停车区设计效果图如图 2-6 所示。

图 2-6　萨岭河、五彩山停车区设计效果图

6)交警营房

交警营房主要用于满足交警工作和生活需求,采用框架结构、现代建筑立面的设计理念,同时设置了生活区、活动区和设备用房。交警营房设计效果图如图 2-7 所示。

图 2-7　西拉木伦、冀蒙界交警营房设计效果图

2.1.3　耐久性设计

为进一步提高经乌高速公路耐久性,经乌高速公路设计单位在路面、西拉木伦河特大桥、全线大中桥、房建等多个方面进行深入研究。结合项目所属区域太阳辐射强、日照充足、夏季短促温凉、冬季漫长寒冷、昼夜温差较大、秋季明显的气候特点,从结构设计、材料选择等多个方面进行了设计,设计出一套适合项目所属区域气候环境的实施方案。

2.1.3.1　路面耐久性设计

1)路面病害及原因分析

由于昼夜温差大,高速公路路面可能出现的病害主要为裂缝类病害和破损类病害,裂缝类病害为疲劳开裂和低温开裂,破损类病害为坑槽。其中,裂缝占大多数。项目区产生裂缝病害原因主要是温度和荷载。疲劳开裂是由行车荷载的多次反复作用引起的路面由下而上的裂缝,也有可能是施工温度、交通荷载、路面结构、路面厚度等多种影响共同作用的结果。低温缩裂是整体性路面结构层在低温(负温度)时由于材料收缩受限制而产生的较大拉应力,当超过材料相同情况下的抗拉强度时便产生开裂。疲劳开裂的特点是路面无显著的永久变形,开裂开始大都是细而短的横向开裂,继而逐渐扩展呈网状。低温开裂的特点是横向间隔性的裂缝,严重时才发展为纵向裂缝,这是由于路面的纵向尺寸远大于横向、低温收缩时侧向约束不大。

根据项目区路面病害产生原因及特征,影响高速公路路面耐久性最主要的因素有以下三点:一是正常温度下车辆荷载引起的结构层层底拉应力,二是沥青混合料原本的抗疲劳特性,三是半刚性基层本身的低温收缩特性。除此之外,还有沥青类型、混合料配合比、集料性质及组成以及施工过程中的质量控制等。

2)路面耐久性设计

经乌高速公路路面结构设计主要以《公路沥青路面设计规范》(JTG D50—2006)为依据,以交通荷载作用下的路表弯沉值作为沥青路面厚度设计的控制指标,以相应的结构层层底拉应力作为验算指标。但《公路沥青路面设计规范》(JTG D50—2006)对温度荷载的作用考虑不足,故而在经乌高速公路设计过程对该项内容进行了相应的补充设计和验算。结合地区经验及项目区交通量,拟定了两种方案。方案一:结构层总厚度为77cm,选用骨架密实型半刚性基层,严格控制细料含量,结合料剂量、含水率,并及时养生。方案二:结构层总厚度为73cm,增加了沥青层的厚度,在半刚性材料上设置了沥青碎石柔性基层,同时减薄基层厚度,确保造价相差不大。

从设计角度出发,结合路面结构计算对两种方案进行了比选,最终优选出方案一,方案一更加符合本项目路面的实际需求。路面结构方案比选结果如表2-1所示。

路面结构方案比选 表2-1

方案	方案一	方案二
沥青层层厚	4cm+6cm+7cm	4cm+6cm+11cm
基层底基层厚	20cm+20cm+20cm	20cm+16cm+16cm
路表设计弯沉值(0.01mm)	23.9	
路表计算弯沉验算(0.01mm)	14.7≤23.9	15.3≤23.9
弯沉增加百分比	方案二比方案一路表设计弯沉增加了4.1%	
沥青层层底拉应力(MPa)	−0.073	−0.064
沥青层层底拉应力增加百分比	方案二增设ATB(密级配沥青稳定碎石混合料)层,比方案一层底拉应力减少了12.3%,抗裂优势并不明显	
基层层底拉应力(MPa)	0.003	0.016
基层层底拉应力减少百分比	方案一基层厚度比方案二厚8cm,方案一基层层底拉应力比方案二减少了81.25%	
底基层层底拉应力(MPa)	0.114	0.128

续上表

方案	方案一	方案二
底基层层底拉应力减少百分比	方案一底基层层底拉应力比方案二减少了12.3%	
由沥青混合料层层底拉应变得到的沥青混合料层疲劳开裂寿命	虽然方案二设置了柔性基层,但是由于基层(含底基层)较薄,方案一的沥青混合料层疲劳开裂寿命仍比方案二高5%	
由水泥稳定碎石层底拉应力得到无机结合料稳定层疲劳开裂寿命	方案一的无机结合料稳定层的疲劳开裂寿命比方案二高出29%	
ATB的优缺点比较	ATB高温性能优良,能有效减轻半刚性基层因干缩温缩造成对路面反射裂缝的破坏。但ATB粗细集料比较大,沥青用量低,相比同粒径的悬浮密实结构AC-25,抗疲劳性能差	

3) 路面结构材料选取

为在温差较大的项目区有很好的耐高温、抗低温能力,上面层与中面层沥青选取SBS改性沥青(SBS掺量不宜小于4%),既能增加抗低温开裂能力,又有较强的抗车辙、抗疲劳能力,进一步提高路面结构的耐久性。SBS改性沥青各项性能需满足I-C型聚合物改性沥青各项技术标准。沥青与面层石料的黏附性不低于4级,否则掺加抗剥落剂予以改善。基质沥青及非改性沥青均采用A级90号道路石油沥青。

粗集料采用石质坚硬、洁净、干燥、无风化、无杂质、近立方体、有棱角的优质石料颗粒。路面上面层采用玄武岩,要求采用反击式碎石机加工,以减少针、片状矿物含量;中下面层采用凝灰岩。沥青面层用细集料采用坚硬、洁净、干燥、无风化、无杂质并有适当级配的破碎机制砂。沥青混合料的填料宜用石灰岩或岩浆岩中强基性岩石等憎水性石料加工成的矿粉,当采用水泥、石灰作填料时,其用量不宜超过矿料总量的2%。

2.1.3.2 西拉木伦河特大桥耐久性设计

1) 设计目标及影响因素

经乌高速公路西拉木伦河特大桥按Ⅱ类环境考虑,设计安全等级为一级,设计基准期为100年。影响西拉木伦河特大桥结构耐久性的主要因素有材料质量、结构构造等。

2) 材料耐久性保障措施

主梁为预应力混凝土结构,采用C60高性能混凝土,配制混凝土时最大的水胶比为0.5,最小水泥用量为350kg/m³,混凝土中最大氯离子含量为0.06%,最大碱含量不大于1.8kg/m³。

主塔为钢筋混凝土结构,采用C55高性能混凝土,配制混凝土时最大的水胶比为0.5,最小水泥用量为300kg/m³,混凝土中最大氯离子含量为0.15%,最大碱含量不大于1.8kg/m³。

主墩为钢筋混凝土结构,采用C50混凝土,配制混凝土时最大的水胶比为0.5,最小水泥用量为300kg/m³,混凝土中最大氯离子含量为0.15%,最大碱含量不大于1.8kg/m³。

基桩为钢筋混凝土结构,采用C30混凝土,配制混凝土时最大的水灰比为0.5,最小水泥用量为300kg/m³;混凝土中最大氯离子含量为0.15%,最大碱含量不大于1.8kg/m³。

防水层在不透水性、抗高温和低温性能、黏结力、柔韧性、抗剪强度等方面具有优良性能,使防水层具有不低于铺装层使用寿命的耐老化性能,同时具有安全、无毒害、对环境和施工人员无危害的特性。

3) 结构耐久性保障措施

(1) 预应力混凝土箱梁

各构件截面尺寸变化处均采用渐变形式,尽量避免刚度突变,减少应力集中。每个箱梁节段均设置通气孔,避免水汽在混凝土表面积聚,同时减小箱梁室内外温差。箱梁表面和铺装层之间设置性能可靠的防水层和黏结层。钢筋混凝土保护层厚度自箍筋外缘算起不低于25mm。为了提高混凝土箱梁的抗裂性,在0号、1号块及拉索区段采用聚丙烯纤维混凝土。为了提高预应力钢筋的耐久性,采用真空压浆,严格控制浆体的性能指标。

(2) 主桥斜拉索

设计过程中考虑斜拉索的可换性。要求成桥之后对斜拉索护套表面进行清洁和修补。斜拉索锚头是受力关键位置,容易受水汽的侵蚀,严重时甚至会出现积水情况,需要对锚头采用镀锌防腐处理,在斜拉索锚端设置不锈钢防护罩。锚头顶面设置排水槽。在桥面斜拉索出口处设置防水罩,确保密封良好。

(3) 支座

主桥过渡墩设置支座检修平台,便于检查维修。加强施工组织管理,确保支座施工质量,支座安装完毕后对支座地脚螺栓等采用环氧砂浆涂料密封。加强运营期间安全检查和维护,及时更换受损支座。

(4) 伸缩缝

主要钢材均采用耐候钢,重防腐涂装。加强施工组织管理,确保伸缩缝施工质量,伸缩缝槽口采用聚丙烯纤维混凝土回填。加强运营期间安全检查和维护,及时修补或更换。

(5) 其他措施

尽量采用连续的上部结构,减少伸缩缝的用量。预留支座等非永久性构件的更换空间,便于后期养护和维修。建立运营期桥梁健康与安全监测系统。

2.1.3.3 全线大中桥耐久性设计

经乌高速公路项目全线大中型桥梁基本属于混凝土结构,而桥梁混凝土结构的耐久性取决于混凝土材料的自身特性和结构的使用环境,与结构设计、施工及养护管理密切相关。综合国内外研究成果和工程经验,本项目主要从以下三个方面提高混凝土桥梁结构的耐久性:

①改进桥梁结构设计,适当加大混凝土保护层厚度,加强构造钢筋,控制裂缝发展。注重桥梁结构细节设计,适当加大混凝土保护层的厚度,防止由于混凝土保护层碳化引起钢筋钝化膜破坏。混凝土结构的损伤与破坏一般是混凝土结构中出现裂缝导致的,裂缝是反映混凝土结构病害的晴雨表。裂缝的存在会增加混凝土渗透性,使侵蚀破坏作用逐步升级,混凝土耐久性不断下降。当混凝土开裂后,侵蚀速度将进一步加快,导致混凝土结构耐久性进一步退化。控制混凝土的裂缝,除按规范要求控制正常使用极限状态的工作裂缝以外,还应采取构造措

施,加强构造钢筋,控制混凝土施工及使用过程大量出现的非工作裂缝。

②加强桥面排水和防水层设计。桥面铺装层顶面设置防水层,重视防水层设计。桥面铺装层采用高强度等级的混凝土,混凝土铺装层内设置冷轧焊接钢筋网片,防止混凝土开裂。此外,加强桥梁泄水管设计,使桥面积水能在最短的时间内排出而不渗入梁内,加强桥梁伸缩缝处的排水设计,防止桥面水从伸缩缝处渗入梁内。

③采用高耐久性混凝土,提高结构混凝土强度等级,控制水泥最小用量,增强混凝土的密实性,提高混凝土自身抗破损能力。混凝土的耐久性主要取决于混凝土的材料组成,确保影响混凝土耐久性的最大水灰比、最小水泥用量、最低强度等级、最大氯离子含量和碱含量符合规范要求,避免施工时被忽视。与此同时,从设计角度增大混凝土密实度,防止或控制混凝土开裂,阻止水分的侵入。

2.1.3.4 房建耐久性设计

经乌高速公路项目房建所在各区域地形平缓开阔,场区内起伏不大,相对高差较小,多属河谷阶地、风成沙丘及山麓斜坡区,地层岩性较简单,地基岩土承载力较高,水文地质条件简单,地表水和地下水对房建工程影响不大,不良地质与特殊性岩土规模较小、等级低、危害小,采取一定的工程措施就能化解。总体评价:工程地质条件较简单,对房屋建筑工程的设计不起控制性作用。

根据全线当地的水文地质条件、室外温度设计参数、高压线网布设情况调查,各站点距离城市较远,所以确定所有站点水源利用浅水井,而且当地水质较好,能够保证水量。室外埋地给水管采用PSP(钢丝网骨架复合管),电热熔连接。室外污水管采用HDPE(高密度聚乙烯)双壁波纹管,密封圈承插连接。室内污水支管及出户管道采用实壁UPVC排水管,承插粘接,厨房用污水管道采用铸铁管。建筑物基础以框架结构为主,设计使用年限为50年,基础均在当地冻土层以下。建筑材料均考虑适合当地气候及耐久性要求的材料,对建筑底部有防水需求部位严格控制施工。屋面考虑当地气候特点,采用挂瓦,保证建筑安全耐久。综合楼防水材料使用年限为15年,附属建筑物防水材料使用年限为10年。

2.1.4 精细化设计

精细化设计的核心理念在于"精细"二字,通过将精细化的设计理念融入设计各环节,强调重过程、重细节,用系统化、规范化、科学化的设计原则,保障高速公路各环节能够准确、科学、协调运行,从而进一步提升公路品质。围绕精细化设计理念,经乌高速公路项目在地质勘察、路线、路基、路面、桥梁等多个方面不断调整完善设计方案,形成了与经乌高速公路实际情况相符合的设计管理经验。

2.1.4.1 地质勘察工作规范高效

1)勘察工作高效化

为进一步提高经乌高速公路地质勘察工作效率,项目设计单位聘请专家完成了项目前期外业验收工作。专家组通过查看现场、审阅资料、与专业设计人员现场交流等方式对各专业设计提出建议,项目组根据意见进行相应的补充修改完善。为了使项目设计方案更加合理,项目组先后分3次将路线方案向地方政府进行了汇报,并对路线走廊进行了现场察看,听取了地方政府各部门的意见,并根据地方意见对路线方案做了进一步调整优化。通过设计人员 2 个月的不懈努力,各专业组完成了全线施工图定测外业调查、施工图详勘及测量工作,并通过了中国公路工程咨询集团有限公司对本项目初步设计的审查。

2)勘察工作规范化

为使得经乌高速公路项目地质勘察工作更加规范化、精准化,项目设计单位在初设阶段采用调绘、钻探、物探、原位测试等多种勘察手段对沿线工程地质条件进行综合勘察,准确探明了沿线地形地质条件,同时对项目沿线重点控制工程进行了深入的精细化勘察。

(1)西拉木伦断裂勘察

西拉木伦河特大桥是经乌高速公路项目的重点控制工程,为提高安全性能,设计单位结合区域地质资料和本次勘察资料,通过高密度电法对剖面进行反演后得到视电阻率剖面,如图 2-8 所示。

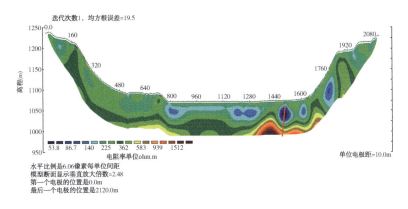

图 2-8　西拉木伦断裂高密度电法反演结果视电阻率剖面图

(2)不良地质路段勘察

经乌高速公路沿线有风积沙、风吹雪等不利因素,为进一步明确风积沙、风吹雪对沿线道路的影响情况,项目设计单位经过详细地质勘查,对沿线风沙流动规律及危害程度、风雪流向规律和积雪厚度进行了深入勘察,为采取防治措施提供了可靠基础资料,如表 2-2、表 2-3 所示。同时对季节性冻土、过湿土、崩塌、涎流冰、泥石流等不良地质路段进行了细化勘察,并提出了处治建议,如表 2-4 所示。

风沙流动规律及危害程度表　　　　　表 2-2

分 布 段 落	长度(km)	状　　况	活动程度	危害程度
K3+500～K14+100	10.6	该段风积沙以高 5～8m 的沙丘连片分布,多为纵向沙垄,风积沙移动方向 116°,3～11km 处与路线 200°走向呈约垂直相交,11～14km 与线路走向小角度相交,沙丘以粉细砂为主,表层大部分有 20cm 结皮,沙丘表面植被发育,覆盖率约 50%,为以沙榆为主的乔灌木和多种草本植物	固定～半固定	轻微

续上表

分布段落	长度（km）	状　况	活动程度	危害程度
K15+660～K16+370	0.7	该段风积沙以高5~8m的沙丘连片分布，多为纵向沙垄，风积沙移动方向116°，与线路159°走向小角度相交，沙丘以粉细砂为主，表层大部分有20cm结皮，沙丘表面植被发育，多为沙榆为主的乔灌木以及多种草本植物	固定～半固定	轻微
K29+000～K30+200	1.2	该段风积沙以高2~3m的沙丘连片分布，风积沙移动方向116°与线路走向167°小角度相交，沙丘以粉细砂为主，表层大部分有20cm结皮，沙丘表面植被发育，覆盖率约50%，多为沙榆为主的乔灌木以及多种草本植物	固定	轻微
K31+200～K36+400	5.2	该段风积沙以高2~3m的沙丘连片分布，风积沙移动方向116°，与路线229°走向呈小角度相交，沙丘以粉细砂为主，表层大部分有20cm结皮，沙丘表面植被发育，覆盖率约70%，多为沙榆为主的乔灌木以及多种草本植物	固定	轻微
K37+340～K41+400	4.0	该段风积沙以高2~3m的沙丘连片分布，风积沙移动方向96°，与线路走向190°大角度相交，沙丘以粉细砂为主，表层大部分有20cm结皮，沙丘表面植被发育，覆盖率约80%，多为沙榆为主的乔灌木以及多种草本植物	固定	轻微
K59+120～K62+800	3.7	该段风积沙以高3~5m的沙丘连片分布，风积沙移动方向116°，与线路走向225°大角度相交，沙丘以粉细砂为主，沙丘表面植被发育，覆盖率约90%，为以沙榆为主的乔灌木和多种草本植物	固定	轻微
K82+000～K84+000	2.0	风积沙丘区，地表分布有固定～半固定型沙丘和少量移动沙丘，沙丘多为馒头状，植被较好，覆盖率约50%，丘间洼地植被一般很茂盛，表层大部分有0.30~0.50m的薄层土结皮，灰褐色，下部为稍密状粉细砂。少量的沙丘迎风面少有植被覆盖，直接裸露于地表，风起扬沙	固定	轻微
K94+000～K95+000	1.0	风积沙丘区，地表分布有固定～半固定型沙丘和少量移动沙丘，沙丘多为馒头状，植被较好，覆盖率约30%，丘间洼地植被一般很茂盛，表层大部分有0.30~0.50m的薄层土结皮，灰褐色，下部为稍密状粉细砂。少量的沙丘迎风面少有植被覆盖，直接裸露于地表，风起扬沙	固定～半固定	轻微

积雪危害程度及建议表　　　　　　　　　　　　　　　表2-3

分布段落	工程地质特征描述	积雪类型	危害程度	处治建议
K3+400～K16+800	积雪位于风积沙丘区，沙丘背面阴坡处，风向同沙丘方向，受地形、植被影响，风吹积雪再次堆积，且气温较低，导致积雪不易融化。详勘阶段经历过较大的积雪，该段积雪最深处厚度0.5m以上	自然降雪	严重	对线路后期运营安全有一定影响，建议加强防护措施

续上表

分布段落	工程地质特征描述	积雪类型	危害程度	处治建议
K35+400~K37+500	积雪段位于萨岭河河谷内,该段地形起伏较大,风向多沿河谷方向,风积雪在此堆积,且气温较低,导致积雪不易融化。详勘阶段经历过较大的积雪,该段积雪最深处0.5m以上	自然降雪	严重	对线路后期运营安全有一定影响,建议加强防护措施
K46+400~K55+600 K73+000~K74+600	该段地形起伏较大,风向多沿山间沟谷方向,特别在背阳阴面,风积雪在此堆积,且气温较低,导致积雪不易融化。详勘阶段经历过较大的积雪,该段积雪最深处0.5m以上	自然降雪、风吹雪	严重	对线路后期运营安全有一定影响,建议加强防护措施

不良地质处治表 表2-4

名　　称	处　治　建　议
分吹雪	对线路后期运营安全有一定影响,建议加强防护措施
季节性冻土	充分考虑地下水位较高造成的冻害影响,加高路基,以换填形式通过,并采取防冻害措施
过湿土	保证路基高度,并采用换填砂砾、碎石或片石的方式进行处理,换填厚度视具体情况而定
崩塌	对崩塌进行治理,对浆砌片石护坡或边坡采用台阶式护面墙防护,保证桥台稳定性
涎流冰	抬高路基并做好护坡
泥石流	设置排流槽进行处理,并对桥址区范围内河道两侧边坡进行防护或加高拦渣坝并设置泥石流排导沟

2.1.4.2　路线精细化设计

为进一步优化路线布设和平纵面设计,更好适应地形条件,合理控制填挖高度,保护环境,节约用地,对全线平纵面进行了核查,对于平纵组合不良的路段进行了调整。如将K3+840变坡点(位于缓和曲线上)移至K4+245(位于圆曲线上),将K5+290变坡点移至K5+465,将K47+000变坡点移至K47+590,将K49+010变坡点移至K48+810,将K74+230变坡点移至K73+860等,使平纵组合更加合理,运行速度协调性更佳,减小了工程规模。

同时,对部分路段平纵面组合设计进行了优化,降低了填挖高度。如:将JD1处的平曲线半径由2400m增大到2500m,减少K1+957.404附近的挖方;对K3+300~K5+830段纵断面进行了优化,调整后,平纵组合更佳,填方高度降低了约3m;将JD3处的平曲线半径由2300m调整为1650m,减少K5+831.728附近的挖方;对K11+420~K13+182.500段通过减小坡长,降低了填方高度,最大处降低了6m;对K24+000~K30+000段平面进行了优化,取消了冲沟3号大桥(6×30m),路线里程仅增加10.7m,降低了工程规模;对K35+000~K50+000段平面进行了优化,使萨岭河大桥桥长由1010m优化为980m,改善了K41+259.327~K44+693.044段长直线,与地形适应性更好;对K42+271~K44+800段通过降低K42+990变坡点高程,降低了整个路段的填方高度,最大处降低约4m;在K56+263~K60+950段对纵面进行了优化,加强了与地形的适应性;对K66+000~K70+000段进行了优化,直线长度由2098.5335m减小为1992.4984m,与地形适应性更好;在K85+600~K86+860、K89+640~K92+670、K93+800~K96+

000段进行了纵断面优化,减少了挖方。通过优化调整,填方减少了34万 m³,挖方减少了156万 m³,节约了项目总体投资。

2.1.4.3 路基路面精细化设计

为推进经乌高速公路品质工程、绿色公路建设,按《交通运输部办公厅关于实施绿色公路建设的指导意见》(交办公路〔2016〕93号),结合安全、环保、耐久、节约等方面要求,采取以下措施对经乌高速公路进行了优化设计:

①根据详勘资料及路线、桥涵资料进行了精确的段落划分,低填浅挖路床采用超挖回填,填挖交界、陡坡路堤采用挖台阶、铺设土工格栅等措施。

②结合详勘资料对边坡稳定性进行了验算,将挖方边坡的坡率逐段根据详勘资料进行了细分。挖方为粉砂土路段时,挖方边坡坡率采用1∶3,一坡到顶;挖方路基为强风化至中风化岩质路段时,边坡坡率采用1∶1.5~1∶0.75,路堑边坡由下至上每隔8m设置2m宽、内倾2%的边坡平台,平台处设置平台截水沟;挖方为风积沙、砾石混合路段时,边坡坡率采用1∶2,路堑边坡由下至上每隔8m设置2m宽、内倾2%的边坡平台。边坡稳定性分析如图2-9、图2-10所示。

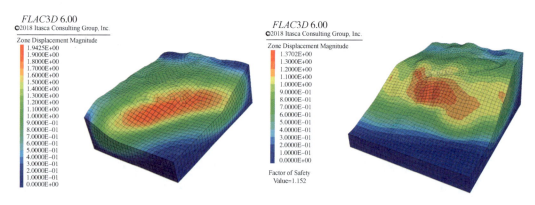

图2-9 西拉木伦河特大桥岸坡稳定性分析

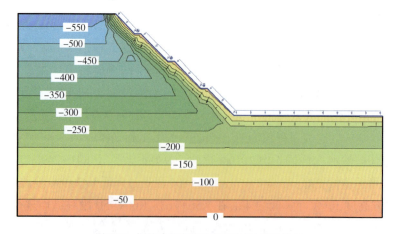

图2-10 深挖路基边坡暴雨工况下稳定性分析

③结合详勘资料和工程经验,对项目沿线不良地质情况的防治措施进行了进一步优化。为了减少风阻,防止风积沙对路基产生不利影响,根据详勘资料及现场调查进一步确定了风积沙处理路段。针对风积沙路基采用1:3的边坡坡率,边沟及排水沟均采用浅蝶形,中分带采用齐平式的彩色方砖铺砌,土路肩采用植草砖或者下凹式的截水槽,坡脚护坡道位置采用流线型设计。根据本项目所在地区风向及分段路线走向,对不同路段的风吹雪提出防雪墙或防雪网的处治方案。结合详勘资料,对下湿地路段进行了细化处理。对易积水段采用了换填处理的方式。对土质不良的积水路段,首先用片石进行填筑,直到高出积水水位50cm,再填筑50cm石渣过滤层。

④结合详勘资料、邻近工程养护经验和气候特征,进一步优化了防护工程设计,完善了坡面防冲刷措施。取消了植物纤维毯防护,填挖方均以植草灌、格状沙柳植草、厚层基材防护、生态防护为主,填方陡于1:3时采用空心砖护坡,在易受到流水冲刷的填方路段采用石砌护坡,桥头填方采用空心六棱块防护。

⑤结合区域气候特征、地表径流特点,优化了综合排水系统设计。根据沟底纵坡设计,将路面及坡面水汇集到排水沟,引入构造物或蒸发池,防止冲刷路基;西拉木伦河特大桥及萨岭河大桥桥头设置了蒸发池汇集桥面水,防止对水源地产生污染。

2.1.4.4 桥梁精细化设计

为确保项目沿线桥梁结构安全可靠和经济合理,结合详勘资料和路线平纵断面设计,进一步优化了桥梁轴线及墩台位置。为减少边跨墩旁托架现浇段长度,降低施工风险,将130m边跨调整为128m,桥梁跨径组成为128m+5×240m+128m。在优化主梁预应力和斜拉索索力的基础上,将中支点梁高由原来的8m增加到9m,有效提高了主梁受力性能。在运营阶段最不利组合状态下,主梁处于全截面受压状态。根据结构分析结果,完善了萨岭河大桥细部构造设计,增加了底板预应力束的配置,优化了其他部位钢束配置,并合理布置普通钢筋,桥梁上、下部结构各项受力性能均满足规范要求。在施工图设计中加强了结构分析和稳定性验算,提高了桥梁抗倾覆能力储备。

2.1.4.5 互通精细化设计

为进一步减小工程规模,提高服务水平和运行安全性,对互通式立交平纵面和匝道分汇流段进行了优化设计,完善了平面交叉口渠化设计。蔡木山互通施工图优化设计了A、D、E匝道线位,调整了A匝道纵断面,减小了工程规模。优化了衔接方案,确定了互通区被交道改建方案,并与集阿联络线签订了工程界面划分协议,完善交通组织设计,保证安全。

2.1.4.6 沿线服务设施精细化设计

结合安全性评价,对项目全线设置了标志、标线、护栏、隔离栅、防抛网、防眩设施、诱导设施、活动护栏、限高标志、防撞桶、公路标识等服务设施设置了交通安全设施。同时加强对西拉木伦河特大桥、互通式立交、服务设施出入口、风沙和雪害路段的交通安全设施设计,保证行车安全。全线互通入口匝道加速车道终点设置了分车型限速标志。进一步深化了ETC(电子不停车收费)车道的设计,完善了超限、超载入口检测等设施设计及危险品车辆的管理措施。强化了沿线监控系统设计,进一步与运营管理模式相结合,利用技术手段全面掌握运营状况,提高管理水平。

2.1.5 标准化设计

经乌高速公路项目建设单位积极响应国家和自治区号召,落实建设项目设计标准化,为提高项目设计质量奠定良好基础,同时也为标准化施工、工厂化生产提供了保障。设计阶段充分贯彻标准化的设计理念,对项目全线大中型桥梁和涵洞进行优化设计,进一步提升了构造物工程质量,缩短了施工工期,降低了项目成本。项目桥涵标准化设计主要体现在以下几个方面:

①全线大中桥上部结构采用预制组合拼装结构。项目组在对全线大中桥进行设计时,根据桥址地质地貌情况,通过选定最合理的跨径、墩高及桥梁上部结构形式,进行标准化设计。项目大中桥上部结构主要采用20m、30m跨径装配式预应力预制小箱梁,13m先张法预应力混凝土简支空心板,以及40m跨径装配式预应力预制T梁,以适应施工机械化、施工工厂化、装配化的要求,进一步加快施工进度,降低工程造价。

②全线箱涵采用预制拼装结构。以因地制宜、方便施工为原则,以汇水面积大小、设计流量大小、使用性质、地质情况、填土高度及地基承载力为主要控制因素,对涵洞结构形式进行选择。同时结合项目所处地区畜牧业比较发达,沿线所设涵洞、通道均需适当考虑动物通行的实际需求,选取涵洞及通道尺寸变化不大的箱涵结构作为本项目涵洞的结构形式。通过工厂预制、现场装配,实现标准化施工,在加快施工进度的同时有力保证了涵洞的施工质量及外观要求。

③分离式立交桥采用钢混组合梁结构。经乌高速公路项目分离式立交设计主要采用钢混组合梁,通过利用混凝土的抗压特性及钢结构的抗拉特性,将两种材料融为一体并发挥各自的优势,使得这类结构的跨越能力比传统的混凝土结构桥梁更强。本项目分离式立交桥上部结构采用的钢混组合梁跨径组合为(30+35+30)m,其结构自重轻,构件延性好,造型美观。施工时可工厂预制并运到现场拼接,混凝土板可通过部分工厂预制、现场浇筑湿接缝进行整合,从而实现工厂化生产、标准化施工。

2.1.6 创新性设计

创新性设计是项目设计过程中的重要组成部分,在某种程度上决定了项目整体的格局,对结构的美学价值、安全性能、可施工性、可检可查性及结构耐久性都具有十分重要的影响。为进一步提升经乌高速公路项目品质,项目主要设计单位在创新性设计方面开展了大量工作。

2.1.6.1 BIM技术在桥梁建设中的应用

西拉木伦河特大桥是经乌高速公路项目的重难点控制工程,设计过程中通过业主、设计以及施工单位的紧密合作,从桥梁建设的全过程出发,全面推进了BIM技术的应用,以提高生产效率、降低成本。主要包括以下几个方面:

①搭建了桥梁BIM数据库平台。通过桥梁BIM数据库平台,使用者可以读取、存储和写入平台的所有原始数据模型,以及其他BIM工具的衍生数据模型。后续工作中BIM数据库的基础数据可以在各管理部门进行协同和共享,可以进行工程量信息汇总、拆分、对比分

析,保证工程基础数据及时、准确,为制订工程造价项目群管理、进度款管理等方面的决策提供依据。

②研发了基于BIM的施工项目进度及支付管理平台。针对西拉木伦河特大桥的桥型特点,对西拉木伦河特大桥进行施工进度模拟,在三维模型基础上结合施工进度进行WBS❶分解。将BIM模型与项目进度表动态链接,较为直观地表现出施工进度流程。此外,还可利用该平台进行设计成果整合、施工方案优化,清晰展示工作完成或延误情况,提供成本计划和实际支出的对比分析,进一步提高施工效率与质量。

③研发了基于BIM的桥梁建养一体化云平台。应用四维建模、多源异构数据集成及移动互联技术,建立了BIM建养一体化云平台。通过该平台解决了桥梁全寿命周期的可视化信息共享问题,实现桥梁精细化、动态化管理;建立了桥梁全寿命周期的数字化、信息化档案,及时"感知桥梁",在结构危险萌芽阶段发出预警。

BIM技术在西拉木伦河特大桥的研究应用,对促进内蒙古自治区及我国西部寒冷高温差地区高墩特大型斜拉桥建设水平的提升、贯彻可持续发展的方针、合理配置资源与资金、降低桥梁全寿命周期的总成本、节约总投资都具有十分重要的促进作用。

2.1.6.2　全寿命周期桥梁监测技术的应用

全寿命周期桥梁监测技术是指利用现场的无损传感技术,通过对包括结构响应在内的结构系统特性进行分析,达到监测结构损伤或退化的目的。对桥梁结构进行健康监测能够更好地全面把握桥梁结构建造与服役全过程的受力与损伤演化规律,保障大型桥梁的建造和使用安全,了解桥梁结构中各部分的损伤和老化情况,从而更好地对桥梁结构进行维修。为了满足经乌高速公路西拉木伦河特大桥的健康监测与安全监测要求,构建了健康监测系统、健康与安全分析评估系统和管理应用系统,可实现对桥梁建设与运营期间进行长期健康监测,分析桥梁全寿命周期在各种复杂环境条件下的结构响应,获取反映结构状况和环境因素的各种信息,为桥梁运营严重异常情况提供实时预警,分析与评价桥梁结构健康与安全状况,从而进一步确保桥梁的运营安全。

2.1.6.3　其他创新性技术应用情况

经乌高速公路项目设计过程中充分吸取了国内外先进的勘测手段和设计方法,广泛采用新技术、新设备、新材料、新工艺,极大地提高了设计质量和水平,主要包含以下几个方面:

①充分利用卫星照片对项目影响区进行大范围研究,勾绘沟道汇水面积、牧民定居点、主要草场位置、主要林区位置,为各种交叉构造物的设置提供依据。

②全面采用了自主开发的高速公路数字化集成设计系统进行设计,提高了设计效率、质量和水平。该系统主要利用三维互动优化设计技术对高速公路进行方案设计和选择,实现对路线平、纵、横设计从静态经验设计到动态优化设计的转变,优化出合理的路线方案,降低了工程造价。

---

❶　WBS:Work Breakdown Structure,工作分解结构。

③全面采用了自主开发的运行速度测算分析技术,对全线运行速度进行分析检验。该技术根据路线几何设计参数自动进行分段,选择和应用测算模型自动测算路段结点运行速度变化,为公路安全性分析和评价提供了依据。

④萨岭河大桥采用了新型的桥梁形式——波形钢腹板桥,充分发挥了钢结构和混凝土结构的受力特点,提高了材料的使用效率,降低自重,改善结构性能,有效避免了传统混凝土桥腹板开裂问题,提升了大桥的耐久性。

⑤积极采用高性能混凝土材料,设计了与项目应用条件相匹配的配合比,进一步提高混凝土结构的耐久性、工作性和体积稳定性。

2.2 注重安全设计

2.2.1 安全设施设计

交通安全设施是高速公路的重要组成部分。合理完善的交通安全设施,不仅可以有效减少事故发生,降低事故造成的损失,还可以为驾驶员提供良好的视觉诱导,提高行车舒适性。经乌高速公路项目安全设施设计立足于安全性、尊重地区特性、整体协调性和自然性的原则,坚持"以人为本"的设计思想,采取有效方法和措施,保障公路设施自身安全、运行车辆行驶安全。

2.2.1.1 交通标志设置

交通标志的设置以确保交通畅通和行车安全为目的。根据道路线形、交通状况、沿线设施等情况,设置不同种类的交通标志,为道路使用者提供正确、及时的信息,通过交通标志的引导,使道路使用者顺利、快捷地抵达目的地,防止发生车辆错向行驶。经乌高速公路最高设计速度采用100km/h,考虑到视觉感官的舒适性,根据《公路交通标志和标线设置规范》(JTG D82—2009)的规定,主线上标志汉字高度为60cm,字间隔不小于6cm,汉字笔画粗6cm;地方道路标志汉字高度40cm,字间隔不小于4cm,汉字笔画粗4cm。为充分体现地方特色和蒙元文化,全线交通标志采用中文、蒙文两种文字对照的形式,蒙文与汉字同高。

项目标志结构设计按照《道路交通标志板及支撑件》(GB/T 23827—2009)的要求进行设计,同时考虑标志结构自重荷载、风荷载以及可能遇到的地震荷载和撞击荷载,将标志主要形式确定为单柱、悬臂(单、双)、门架等,标志主要构件采用Q235钢,紧固件采用45号钢。标志结构中所有钢构件均进行热浸镀锌处理,螺栓、螺母等连接件的镀锌量为350g/m^2,其余均为600g/m^2,热浸镀锌所用锌应符合《锌锭》(GB/T 470—2008)以及设计的要求。为了提高夜间的视认效果,并使所有反光膜的使用年限统一,标志采用V类反光膜。

2.2.1.2 交通标线设置

交通标线的设置以分隔车、引导车辆行驶方向为主要目的,主要包括主线、互通立交、停车区、服务区、收费站的标线。

双向四车道分界线采用白色虚线,实线长6m,空档长9m,线宽15cm,用以分隔同向交通流,设在同向行驶的车道分界位置。在保证安全的情况下,允许车辆越线变换车道行驶。其中萨岭河大桥和西拉木伦河特大桥车道分界线采用白色振动实线，萨岭河大桥和西拉木伦河特大桥硬路肩上施画斑马线。车道边缘线采用白色实线，线宽20cm，用以指示机动车道的边缘，保证行车安全。车道边缘线标画在两侧(硬路肩)路缘带范围，其内边线与硬路肩(路缘带)边缘重合，从而保证行车道的有效宽度。其中萨岭河大桥和西拉木伦河特大桥车道边缘线采用白色振动实线。

在互通立交、停车区和服务区加速车道终点前及减速车道起点前设置出入口标线及导向箭头。导向箭头应根据所在位置设计速度确定尺寸，项目主线、主线与匝道连接部导向箭头按设计速度100km/h标准设计，其余向箭头统一按设计速度40km/h标准设计。在出入口匝道前后的加(减)速车道处，设置加减速车道标线，为3m/3m实虚线，宽度为45cm，自斑马线的顶部一直画到加(减)速车道三角段的起点。

收费广场进口、出口端均设置横向减速振动标线、导流线、广场轮廓线、行车方向箭头、收费岛头地面标线。各种减速标线的设置间距根据驶入速度、广场长度计算确定。

收费站内ETC专用车道设置ETC标线，ETC车道文字标识采用黄色薄层铺装，设置纵向减速标线，沿着MTC与ETC车道之间的地面岛头标线每隔1.5m摆放弹力警示柱。

考虑到标线使用效果及工程造价，标线选用热熔型2号标线，普通标线实测厚度(2 ± 0.2)mm，车距确认标线、减速振动标线和振动标线凸起部分实测厚度(6 ± 0.2)mm，基底厚度(1.5 ± 0.2)mm。

2.2.1.3 护栏设置

护栏以自体变形或车辆爬高来吸收碰撞能量，从而改变车辆行驶方向，阻止车辆越出路外或进入对向车道，最大限度减少对乘员的伤害。经乌高速公路项目大桥、中桥、分离式立交桥、萨岭河大桥均采用混凝土护栏，西拉木伦河特大桥采用钢护栏，分离立交采用钢护栏，通道桥、小桥采用波形梁护栏。

波形梁护栏板均采用4mm厚波形梁护栏板，路侧及中央分隔带均采用$\phi140\times4.5$圆钢管立柱。护栏板与立柱连接，采用六角形防阻块连接，护栏采用防盗螺栓连接，波形梁板、立柱、端头及连接螺栓所用普通碳素结构钢(Q235)的技术条件符合《碳素结构钢》(GB/T 700—2006)的规定。所有金属构件均采用热浸镀锌处理。螺栓、螺母等紧固件在热镀锌后清理螺纹。防腐处理措施均符合交通行业标准《公路波形梁钢护栏》(JT/T 281—2007)及国家标准《公路交通工程钢构件防腐技术条件》(GB/T 18226—2015)等有关规定，经检测合格。螺栓、螺母等连接件的镀锌量为350g/m²，其余均为600g/m²，热浸镀锌所用的锌为《锌锭》(GB/T 470—2008)中规定的0号锌或1号锌。护栏板、立柱及各种小构件颜色均选用绿色，色号RAL6029。

2.2.1.4 隔离栅设置

隔离栅是保证高速公路行车安全的一种有效设施，对于保障交通安全极为重要，其牢固性、美观性及易维修性等各项指标越来越受到广大使用者的重视。目前已经竣工通车的高速公路时常出现隔离栅被盗事件，不仅给管理者造成经济损失，而且给安全行车带来不利影响。因此选择隔离栅时应以牢固性为重点，同时考虑项目地特点及易维修性。经乌高速公路项目从牢固、美观、维修成本角度出发，将全线隔离栅设计为焊接网隔离栅。

隔离栅的中心线沿公路用地范围界限以内50cm进行布设。隔离栅在桥头、通道口等处断开，断开处采用严格的封闭措施，不留间隙，防止人畜从该处穿过。隔离栅遇跨径小于3m的沟渠时直接跨过，临水端立柱基础加强。此外，遇其他构造物（暗涵、暗通、小桥）需进行端头围封处理。立柱、焊接网、垫片均需采用热浸镀锌+浸塑工艺双层防腐，焊接网片镀锌量不低于120g/m²，其浸塑涂层最小厚度不低于150μm；立柱、垫片镀锌量不低于275g/m²，其浸塑涂层最小厚度不低于250μm；紧固件、连接件采用热浸镀锌工艺防腐，镀锌量不低于350g/m²。隔离栅镀锌层与热浸塑层之间采用特殊的化合物黏结层，避免了热浸塑层容易脱落的问题，其抗潮湿和酸碱腐蚀性能明显提高。

2.2.1.5 防眩设施设置

防眩设施可以保障高速公路行车安全，改善高速公路夜间行车条件，提高道路运输效益，降低夜间事故率和事故严重度。经乌高速公路项目在路基中央分隔带全线设置了防眩板，防眩设施高度1680mm，遮光角为10°~13°，最大不超过15°，设置间距为1m，以免妨碍驾驶员的横向通视。

防眩板采用玻璃钢，防眩板力学性能指标和材料性能应满足《防眩板》（GB/T 24718—2009）的要求。所有钢构件均应进行热浸镀锌+浸塑处理，具体防腐要求按《公路交通工程钢构件防腐技术条件》（GB/T 18226—2015）的规定执行，浸塑颜色为薄荷绿。

2.2.1.6 视线诱导标设置

视线诱导标以指示道路线形、指示或警告改变行驶方向为目标，使行车更加安全、舒适。经乌高速公路项目视线诱导设施主要包括轮廓标和线形诱导标志。轮廓标附在路侧和中央分隔带护栏上。附着在桥梁钢筋水泥混凝土护栏上的轮廓标与附着在波形梁护栏上的轮廓标高度一致。主线设置间距为21m，桥梁路段间距8m。互通立交区匝道段间距8m。主线与匝道连接段的路侧轮廓标，结合主线和匝道布置轮廓标的间距采用逐渐过渡设置。

2.2.1.7 防撞设施

经乌高速公路项目防撞设施主要是防撞桶，设置在高速公路出口匝道与主线分流处路侧护栏端头前，在车辆高速行驶正面冲撞路侧护栏端头时，缓冲碰撞，降低事故对人、车和道路设施的伤害和损害。防撞桶一般由玻璃钢、塑料等材料制成，外贴黄黑相间反光膜。要求6个防撞桶组合使用，并采取一定的捆绑固定措施，防止车辆高速碰撞时飞散而降低缓冲效果，防止飞散的防撞桶伤及其他正常行驶车辆。

2.2.1.8 桥梁护网设置

桥梁护网设置在上跨桥混凝土护栏顶上或者桥梁护栏座上，螺母所在的一边面向桥外，设置高度距桥面不低于1.8m。桥梁护网通过膨胀螺栓固定在桥梁护栏或者桥梁护栏座上。桥梁护网采用热镀锌+浸塑方案进行防腐处理，平均镀锌量不低于600g/m²，浸塑层厚度为

0.6mm,,颜色采用果绿色。桥梁护网采取防雷接地处理,接地扁钢沿中墩打入地下,接地电阻小于10Ω。若接地电阻不够,原则上采用打接地极的做法以满足其要求。

2.2.1.9　百米标、里程标和公路界碑设置

百米标附着在主线中分带护栏上,双向对称设置,覆Ⅴ类反光膜。里程标设置在主线中分带护栏上,每1km设置1块,采用单柱双排支撑方式,覆Ⅴ类反光膜。公路界碑设在公路用地界边缘,每200m设置1处,曲线段适当加密。

2.2.2　灾害预防设计

经乌高速公路沿线较为严重不良地质灾害主要有风积雪、风吹沙、下湿地等,在设计过程中结合项目所属区域地质条件与气候环境,提出了针对性的防治措施。

2.2.2.1　风吹雪防治

为了减少积雪病害,同时减少积雪对路侧自然景观的破坏,在设计过程中首先减少低填浅挖,合理控制路基填土高度;其次采用缓边坡、开阔式路基断面,挖方段加宽碎落台兼储雪场(积雪平台上风侧宽度为5m,下风侧为4m),提供积雪储存空间,便于养护单位后期清理;同时对中央分隔带采取平凹不阻雪设计;最后对积雪严重的一般填方路段或主风向与公路走向夹角介于30°~60°的路段设置防雪墙,路基浅挖方和低填段且主风向与路线夹角小于30°或者大于60°、存在风吹雪的段落设置防雪网,如图2-11所示。

图2-11　防雪网与防雪墙

2.2.2.2　风积沙防治

一般常用的防风固沙措施有覆盖沙面、沙障固沙、化学固沙、土工沙袋固沙及生物固沙。考虑到经乌高速公路项目环保及景观营造的需求,主要采用生物固沙措施。为防止风积沙路段沙害,采用缓边坡、开阔式路基断面,挖方段设置积沙平台的措施。路基开挖填筑时减少对沿线植被的破坏,对风积沙路段挖方边坡及以风积沙为填料的填方边坡,进行放缓设计,并进行植被绿化防护。路线通过裸露沙丘路段时,为避免风沙掩埋公路,对于有风沙影响的裸露沙丘坡面进行格状沙柳植草防护。部分沿线路段受风积沙影响较为严重,且路线经过地区两侧裸露、半裸露沙丘较多,为减少两侧沙丘对高速公路的影响,营造绿色旅游公路景观,在路线两侧一定范围内采用框格沙柳植草进行防护,如图2-12、图2-13所示。

图 2-12 框格沙柳

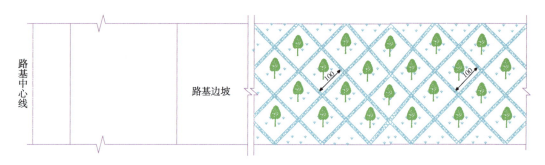

图 2-13 线外框格植草固沙

2.2.2.3 下湿地防治

项目路线穿越多处常年或季节性积水低洼下湿地,地表土为粉性土、细砂土。当砂土中水分增多时其强度和承载能力下降,容易失稳,从而引起路基破坏。因为下湿地主要分布在湖泊、河床漫滩及常年积水的沟谷、冲沟等低洼地带,部分以桥跨越。对于需要以路基填筑通过的路段,设计过程中选择了相应的地基处理方案。对于易积水路段的地基,基底清表后换填石质挖方路段产生的石渣;对于土质不良积水路段,先在基底填筑片石,使片石层顶高出积水水位50cm,再在片石顶填筑50cm厚石渣过渡层。

2.2.3 应急救援设施设计

经乌高速公路应急救援设施主要设置于服务区、停车区以及养护工区。服务区(西拉木伦服务区、公主湖服务区)设置有专用的应急救援停车场地(应急救援停车场可与服务区停车场共用)。与此同时,服务区的维修间、加水站、洗车点、加油站均兼顾应急救援功能。停车区(萨岭河停车区、五彩山停车区)应急物资库和停车场地(应急救援停车场可与停车区停车场共用)可为紧急事故提供物资资源和停车场地。养护工区(桦木沟养护工区、乌兰布统养护工区)应急物资堆放棚和应急救援停车场地(应急救援停车场可与养护机械停车场共用)可为紧急事故提供物资和场地,养护工区机具库、特种车库均兼顾应急救援功能。

2.3 注重节能环保设计

2.3.1 绿化及生态防护设计

经乌高速公路项目是重要的生态旅游高速公路。沿线旅游资源丰富,文化底蕴深厚,素有"内蒙古缩影"和"首都御花园"之美誉。该项目是体现草原文化、独具北疆特色的旅游观光、休闲度假基地。经乌高速公路是以"北方文明之源,草原生态之旅"为主题,以创新为基调、视生态为珍宝、以旅游为动力的新一代旅游高速公路。项目在生态防护设计过程中主要从景观绿化、路基边坡、路基防护等方面开展相应工作。

2.3.1.1 景观绿化设计

1)互通区景观设计

克什克腾枢纽互通所处地域自然风光以草原为主,周边稀疏生长榆树、杨树及人工栽植的云杉。互通景观绿化设计时,以融入自然为目的,以草地为主,点缀性栽植山杨、云杉等植物。

西拉木伦互通周边多为榆树,设计时以榆树为基调树种,三五株组团式栽植,周边配植杨树。

桦木沟互通以桦树为基调树种,桦树成片栽植,下部以红瑞木配植,增加冬季雪地景观效果。

乌兰布统互通突出草原特色,在景观设计时以"疏可跑马、密不透风"为原则,大片留白,以林式密植乔木为背景,基调树种为蒙古栎和山杏。

蔡木山互通所处区域为五彩山景区,周边自然景观以树林为主,采用蒙古栎等色叶树,植物栽植品种和密度相应加大。

互通区景观设计效果图如图 2-14 所示。

图 2-14　互通区景观设计效果图

2)服务区景观设计

西拉木伦服务区主要以山杨为围合植物,以榆树为主要遮阴树种,栽植于小客车停车位区域,常绿树种选用樟子松,还栽植山楂等果树以及丁香和黄刺玫等开花灌木。

公主湖服务区以刺槐为围合植物,选用树冠较大的榆树为遮阴树种,栽植于小客车停车位区域,常绿树种选用落叶松,栽植了山杏等果树以及丁香、榆叶梅、红王子锦带等开花灌木。

服务区是人们停留时间最长的服务功能区,因此这里也是当地文化的重要载体。在每个服务区设置旅游标志牌、旅游宣传册等,通过这些手段向游客介绍当地的旅游情况,帮助游客方便达到旅游目的地。同时,设置了旅游信息平台、历史展示板等宣传设施,将所在地区的文化特色、旅游资源展示给游客。设置室外健身器材供游客使用。服务区景观设计效果图如图 2-15 所示。

图 2-15　服务区景观设计效果图

3)停车区景观设计

萨岭河停车区为草原与河谷结合的自然景观,植物主要选择榆树、白桦、樱桃和丁香,常绿植物为樟子松。五彩山停车区植物多样性丰富,植物在不同时期产生季相变化,彩叶植物与山相结合,形成自然美景。采用新疆杨、蒙古栎、紫叶稠李等秋季变色树种,与自然景观相呼应。常绿树为云杉。

停车区景观设计效果图如图 2-16 所示。

图 2-16　停车区景观设计效果图

4)收费站景观设计

收费站主要供员工进行日常工作和休息,建筑主要包括监控楼、食堂、车库、宿舍、泵房及污水处理间等。绿化景观设计主要是为员工提供安静、舒适的工作环境,并满足休息、娱乐的需要。参照园林庭院设计思想,结合公路绿化养护管理粗放的特点,选用适应性强的植物种类进行绿化,并栽植山楂、山杏等果树,增加员工的生活情趣,丰富生活内容。

2.3.1.2 路基边坡设计

为使得道路更人性化、更符合道路使用者的要求,并在一定程度上减少事故或减轻事故的严重程度,提高道路服务的舒适性和亲和力,提升道路的交通安全水平。经乌高速公路路基设计时采用了较缓的边坡、宽阔的边沟截面,并且不设置护栏的设计思路,进一步提高了高速公路的容错性能,降低风吹雪、风蚀沙埋对道路的影响,与此同时,缓坡设计更加有利于植物的生长,便于边坡的生态绿化,使得道路可以较好地和周围融合,营造丰富多彩的景观效果(图2-17)。

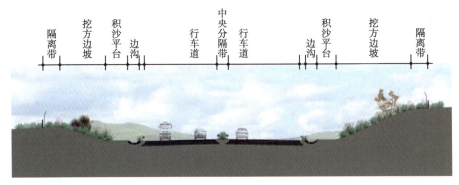

图2-17 缓边坡景观效果图

2.3.1.3 路基生态防护设计

经乌高速公路沿线植被覆盖率较高,风景秀丽,为把经乌高速公路建设为生态旅游高速公路,在设计和建设过程中始终遵循"保护自然、回归自然、融入自然、享受自然"的原则。在满足道路使用功能的前提下,最大限度地展现沿线美景,全线力求做到"一地一景,各有不同"的景观设计,营造清新、舒畅、赏心悦目的行车环境,给高速公路的使用者带来美的愉悦和享受,实现生态效益最大化。考虑到项目粉砂土边坡的特性和边坡景观营造的需要,路基边坡的防护设计主要采用了以下形式:

(1)挖方路基

土质边坡高度$H \leqslant 3m$的风积沙路段采用格状沙柳植草防护,土质边坡高度$H \leqslant 3m$的一般路段采用植草、灌防护,土质边坡高度$H > 3m$的路段采用植物纤维毯绿化防护岩质边坡或采用生态护坡防护土石混合边坡,桥头及深挖路段设置人行踏步以方便检修。积沙、积雪平台采用植草砖绿化防护。经乌高速公路项目挖方边坡高度大部在8m以下,对于局部挖方高度大于8m的粉砂土路基边坡,在边坡外不小于5m处设置截水沟避免边坡冲刷;对于挖方边坡高度大于8m的石质路段,在分级平台处设置平台截水沟以拦截坡面水,避免冲刷。挖方边坡在生态绿化的基础上,采用草、灌、花、树、石结合的方式进行景观营造,错落有致,一地一景。

(2)填方路基

填方边坡高度$H \leqslant 3m$的以风积沙为填料的路段采用格状沙柳植草防护,填方边坡高度$H \leqslant 3m$的一般路段采用植草、灌防护;填方边坡高度$H > 3m$的路段,采用植物纤维毯绿化防护,经乌高速公路项目终点附近有部分段落位于湿地区域内,地下水位较高,且有常流水。

为防止水流冲刷,采用石砌护坡防护,防护高度为平均高度减去1m,最上端1m采用植草、灌防护。桥头路段考虑水流冲刷,同样采用空心六棱块防护。

2.3.2 节能环保设计

节能环保理念强调能源高效利用的同时尽量减少有害物质的排放。经乌高速公路项目节能环保设计主要从太阳能热水器设计、建筑保温设计、节能照明设计以及污水处理和回用设计方面展开,并在全线监控管理中心、服务区、停车区、养护工区、收费站等场所进行推广应用。

2.3.2.1 太阳能热水器设计

经乌高速公路项目生活热水供应设计采用了屋面集中太阳能热水系统,替代了传统的电热水器,系统设热水箱及强制循环水泵,以保证热水的供水水压平衡,太阳能热水系统全年运行。集中式太阳能热水系统对太阳能资源的利用率更高,管理起来更为方便。

2.3.2.2 建筑保温设计

经乌高速公路项目墙体采用加气混凝土砌块、烧结多孔砖、烧结空心砌块的设计思路,相比于普通实心砖,多孔砖、空心砌块保温效果增强。屋面采用阻燃挤塑聚苯板(XPS),外墙采用阻燃聚苯乙烯保温板(EPS)、硬质岩棉板,外门窗采用中空玻璃门窗。中空玻璃窗具有强度高、保温隔热性好、刚性好、防火性好、采光面积大、耐大气腐蚀性好的优良特性。

2.3.2.3 节能照明工程设计

经乌高速公路项目房建设施内庭院照明采用太阳能+发光二极管(LED)灯的设计思路,楼道照明采用声控开关,走廊照明采用红外声控灯,房间照明采用两极或多极开关的控制方式,增加控制的灵活性,有利于节能。

2.3.2.4 污水处理及回用设计

经乌高速公路项目污水处理采用膜-生物反应器(MBR)污水处理设备。MBR是膜分离技术和生物技术结合在一起的一种全新的污水处理技术。膜分离组件优良的分离功能,代替了传统的二沉池,大大增强了系统固液分离的能力,使得生物处理系统的微生物浓度和生化效率大大提高。服务区采用中水回用系统,生活污水经中水设备处理后用于浇洒绿化、冲洗道路、洗车、冲厕。对于淡水资源缺乏的地区,采用中水回用系统既能节约水资源,又能使污水无害化。

2.4 加强人性化设计

人性化设计的核心理念就是"以人为本"。在公路建设过程中,人性化设计就是指设计过程中根据人的具体需求、心理预期等特点进行整体设计,以达到人、车、环境的和谐统一。

2.4.1 房建人性化设计

经乌高速公路项目设计过程中按照"建设一个居住舒适的宿舍,一个干净、美味、可口的职工食堂,一个环境条件优良、方便学习知识的图书室,一个具备较好洗浴条件的浴室,改善高速公路一线员工生产生活条件,让高速公路员工共享交通发展成果"的原则开展工作。员工生产生活环境设计过程中充分考虑与土建协调、功能互补,对房建工程各单体尽量进行平面组合,避免土地资源浪费、场区布置零乱。从功能和外观的组织上优化设计,降低工程造价,设计出满足功能要求、简单大方的最优设计。装修设计同样注意整体效果,色彩搭配合适,档次适中,材料颜色简单大方。开展休息大厅、24小时便利店、开水间、母婴室、无障碍卫生间等配套设施的专项设计。加油站加油机布设间距充分考虑长车及超长车加油需要,避免加油机间距太小导致加油机不能充分利用,进一步提高了服务区的服务水平。

2.4.2 交通设施人性化设计

2.4.2.1 交通标志

交通标志为道路使用者提供正确、及时的信息,防止车辆错向行驶。经乌高速公路最高设计速度采用100km/h,考虑到视觉感官的舒适性,根据《公路交通标志和标线设置规范》(JTG D82—2009)的规定,主线上标志汉字高度为60cm,字间隔不小于6cm,汉字笔画粗6cm。

2.4.2.2 交通标线

在保证安全的情况下,允许车辆越线变换车道行驶。车道边缘线采用白色实线,线宽20cm,用以指示机动车道的边缘,保证行车安全。

2.4.2.3 护栏

为最大限度地减少对乘员的伤害,项目大桥、中桥、分离式立交桥、萨岭河大桥均采用混凝土护栏,西拉木伦河特大桥采用钢护栏,分离立交采用钢护栏,通道桥、小桥采用波形梁护栏。

2.4.2.4 隔离栅

考虑项目地特点及易维修性,从牢固、美观、维修成本角度出发,将全线隔离栅设计为焊接网隔离栅。

2.4.2.5 防眩设施

为改善高速公路夜间行车条件,提高道路运输效益,降低夜间事故率和事故严重度,经乌高速公路路基中央分隔带全线设置了防眩板,防眩设施高度1680mm,遮光角为10°~13°,最大不超过15°,设置间距为1m,以免妨碍驾驶员的横向通视。

2.4.2.6 防撞设施

为减轻事故对人、车和道路设施的伤害,经乌高速公路项目采用防撞桶作为防撞设施,设置在高速公路出口匝道与主线分流处路侧护栏端头前,在车辆高速行驶正面冲撞路侧护栏端头时起到缓冲作用。

第3章 管理——推行精益建造

3.1 工程管理专业化

为将经乌高速公路项目打造成为"绿色、平安、品质"的自治区品牌项目,在项目建设初期,建设单位确定了经乌高速公路的建设目标。为全面实现项目质量、安全、绿色、环保、品质目标,达到高质量建设、高水平管理、高效率实施,建设单位在项目前期制定了《经乌高速公路项目管理策划书》《经乌高速公路品质工程创建及实施总体方案》《经乌高速公路品质工程创建任务清单表》共3份纲领性文件(图3-1),对经乌高速公路品质工程建设进行顶层谋划,坚持"法人管理、社会监理、政府监督、相关方满意"的项目管理方针,坚持管理和技术的传承与创新,深化现代工程管理,全面提升管理水平、技术创新水平、质量安全水平。为进一步推进落实经乌高速公路品质工程建设,项目参建单位集思广益,制定了相应的管理制度,如《经乌高速公路标准管理手册》《经乌高速公路项目管理办法》和各项管理制度等(图3-2)。

 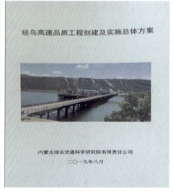 

图 3-1 纲领性文件

图 3-2 经乌高速公路项目管理制度

健全的组织机构、完善的管理体系,能够快速传递管理指令,提升项目管理效力,强化项目管理力度。为确保品质工程建设有序推进,项目建设单位结合项目实际情况和建设需求,建立了质量保证机构以及项目安全保障机构,如图3-3所示。

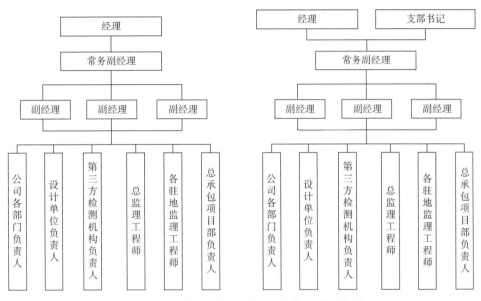

图3-3 经乌高速公路项目质量、安全管理机构示意图

3.2 工程管理精细化、智能化

3.2.1 工程实施精细化管理

经乌高速公路项目建设单位在工程精细化管理过程中提出了"五精四细"的管理策略。"五精"是精华(文化、技术、智慧)、精髓(管理的精髓、实施的精髓)、精品(质量、品牌)、精通(专家型管理者和员工)、精密(管理、施工关系链接有序、精准)。"四细"是指细分对象、细分职能和岗位、细化分解每一项具体工作、细化管理制度及各个落实环节。并从以下几个方面着手推进落实经乌高速公路精细化管理策略。

1)提前谋划,设定经乌高速公路建设目标

项目建设之初,按照交通运输部和内蒙古自治区交通运输厅关于打造"品质工程"的有关要求,全面推行品质工程建设,实现公路建设项目"优质耐久、安全舒适、经济环保、社会认可"。领导班子超前谋划,设定了"平安、品质、绿色"的经乌高速公路目标,为项目建设指明了方向。同时,依据项目管理形式及工作任务,确定了组织机构、部门职能及工作任务。

2)制定标准,规范经乌高速公路过程管理

为进一步规范经乌高速公路项目施工管理,提高工程管理和技术水平,确保工程质量和施工安全,提升公司文明形象,响应交通运输部《关于开展高速公路施工标准化活动的通知》(交公路发〔2011〕70号)要求,经乌高速公路项目建设单位结合2015年推行的《内蒙古自治区高等级公路建设施工标准化管理指南》及经乌高速公路建设施工的实际情况,编写了《经乌高速公路建设施工标准化指南》《经乌高速公路管理办法汇编》《绿色公路实施指南》《平安工地建设实施方案》《质量实施细则》《项目信息化管理办法》《农民工工资支付管理办法》等一系列管理制度、标准(图3-4),为项目高效、有序、高质量建设保驾护航。

图3-4　经乌高速公路项目管理制度标准

3)强化落实,保证工程项目建设有序推进

经乌高速公路项目建设单位以公司规章制度为依据,强化各个部门工作职责,通过日常巡查体系、抽检体系、节假日巡查体系,将建设工程管理工作中的每一个环节、每一个步骤、每一项工作做精、做细,全面提升建设工程管理水平,有力推进了工程项目标准化建设的落实。经乌高速公路项目管理过程管理体系文件见图3-5。

图3-5　经乌高速公路项目管理过程管理体系文件

3.2.2　智慧工地建设

经乌高速公路建设项目在整合项目现有资源的同时,充分利用先进的互联网、物联网技术,开展了诸如信息化综合管理平台搭建、"工程通"手机应用等一系列智慧化管理工作,对经乌高速公路项目重难点工程、关键部位、关键环节进行智能远程监控、实时管理,进一步提高建设项目的监管力度和管理效率,降低劳动强度,节约建设成本,减少安全事故,为经乌高速公路品质工程创建提供有力支撑。

3.2.2.1 信息化综合管理平台

经乌高速公路信息化综合管理平台(图3-6)建设以工程建设实际需求为出发点,以"问题导向、目标导向、政策导向、职责导向、趋势导向、服务导向、数据导向"为指引,以高速公路工程建设过程中的管理难点和薄弱环节为突破,打造以大数据为驱动、以工程 WBS 为基础、以工程精细化、协同化、动态化、岗位化应用为支撑,以工程物联网、移动应用实时数据、BIM技术融合为手段,以"便捷化、可视化决策"的品质工程+大数据为目标,推进"标准化、集约化、便捷化、模块化、可视化"的数字经乌高速公路信息化综合管理平台建设,提升项目管理效率。

图 3-6 经乌高速公路信息化综合管理平台

经乌高速公路信息化综合管理平台是一个兼容性强、集约度高且可以不断扩展相应内容的信息化管理体系。主要包含合同管理、进度管理、质量管理、安全管理、计量管理、监理工作、开工管理、劳务实名制管理、动态监管、施工标准化共11个模块。

合同管理模块的主要对象是施工单位和监理单位,可对合同基本信息、合同支付、合同变更、合同结算和各合同相关联的信息台账进行统一管理。

进度管理模块(图3-7)基于统一的工程划分结构,实现工程量进度、产值进度、形象进度、可视化进度的四位一体动态管理,通过手机应用对进度数据进行现场采集,实现数据移动式采集、多种方式展现,消除中间过程报表,按照项目、各个分部、单位工程、分部工程分析计划和进度的完成情况,通过工程管理曲线、控制图、柱形图展现工程量和投资完成情况,生成日报、周报、月度、动态进度报表。最终实现在统一的体系下,工程进度的一处录入、处处共享和展现。

质量管理模块(图3-8)可实时提供参建单位的质量保证体系,体现各单位质量管理人员结构和责任分工,同时可利用移动终端对每道交验工序进行实时记录,确保数据可追溯性,且可形成统一格式的表格和评定标准,对试验、检测、评定等表格数据进行处理、统计和汇总。

图 3-7　进度管理模块截图

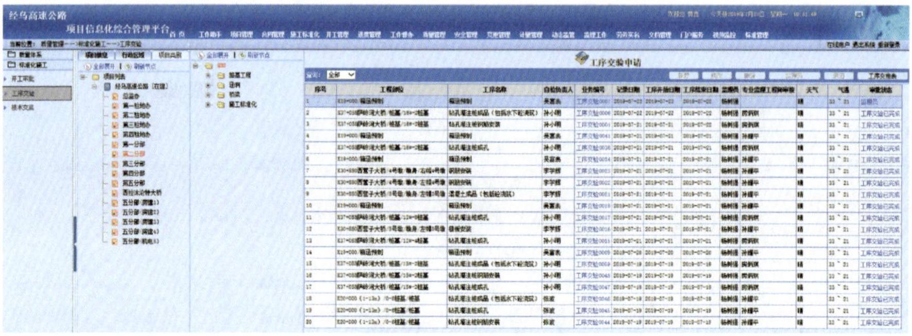

图 3-8　质量管理模块

安全管理模块(图 3-9)可对项目安全组织机构体系、安全人员日常工作进行有效记录，对安全生产中的风险及隐患管理进行评价计划的拟订，对评价结果进行记录、编辑并供用户查询，对项目危害辨识、评价结果进行汇总、查询，作为风险控制计划表的依据，最大限度地提供回避安全风险的解决方案，同时可实现对安全培训、会议、班前教育、安全日报等的实时记录。

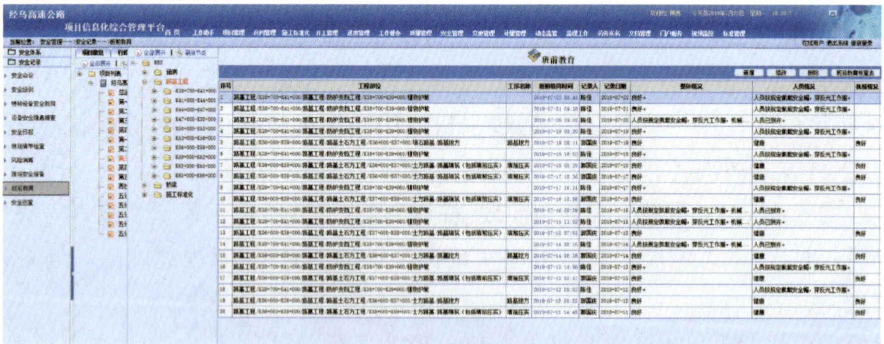

图 3-9　安全管理模块

计量管理模块结合经乌高速公路项目计量支付管理办法和管理要求，实现计量支付工作的信息化管理和电子化输出，其功能包括工程量清单管理、清单计量、变更清单计量以及计量统计。项目执行过程中,系统提供多种智能提醒功能,将新增清单或变更清单以突出的颜色进行显示。

监理工作模块主要是利用信息化管理手段,将传统的管理手段转化为云端管理,利用移动端应用或者管理平台远程监控现场生产进度和工序报检情况,并在云端对现场的进度信息进行监督审核,以确保计量工作的及时性和准确性。

开工管理模块主要是将开工所需的开工报告、施工组织签发流程转至云端办公,审核通过后,直接线下打印,签字留存。减少反复修改,进一步提升工作效率。

劳务实名制管理模块主要是采用人脸+身份证的方式确保实名认证,实时掌握全线劳务人员状态及信息,为做好劳务用工管理及权益保障工作提供支撑。

动态监管模块主要是遵照信息化数据共享原则,生成进度四图四表、产值进度表等,消除数据孤岛,将现场一手数据加以分析利用,生成需要的报表。

施工标准化模块主要是运用WBS工作分解结构,对每一个构件进行编码,确保唯一性,同时将标准工序挂接到相应的构件下,提高管理层级颗粒度,使每一位使用者都不会漏掉关键工序。

3.2.2.2 "工程通"应用

经乌高速公路项目为进一步提升项目质量、安全监督检查力度,开发了符合经乌高速公路项目实际需求的"工程通"应用(图3-10)。在项目质量、安全检查过程中,发现问题可直接拍照上传,并要求相关负责人及时整改,提高质量监督工作效率。"工程通"应用实现了日进度管理、工序交验、班前教育、安全巡查、旁站记录、人员签到等施工原始数据现场采集,增强了现场管理的及时性、真实性、准确性、可追溯性。

图3-10 经乌高速公路"工程通"应用

3.2.2.3 物联网技术

为保证项目建设施工安全、平稳、有序推进,促进劳务人员实名管理制度有效实施,经乌高速公路项目采用先进的物联网技术,对现场视频监控进行集成调用,实现了对钢筋加工产、预制场、拌和站、特大桥施工现场的实时监控(图3-11),方便监管部门实时了解各分部场内的工作生产情况及安全状况。通过劳务实名制管理设备的应用,完成了劳务实名制的信息化集成,采用人脸+身份证的方式确保实名认证,实现劳务人员从进场到退场的全过程管理,为向劳务人员按时足额发放薪资提供数字支撑,进一步保障了劳务人员权益(图3-12)。

图 3-11 现场视频监控集成调用

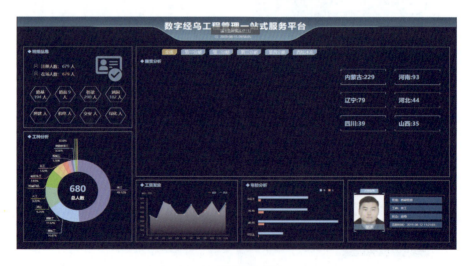

图 3-12 劳务实名制管理

3.2.2.4 特大桥 BIM 平台管理

西拉木伦河特大桥是经乌高速公路项目的控制性工程,为进一步提升施工过程中的信息化管理和质量管控,项目建设单位引进了 BIM 管理平台。利用 BIM 平台集成构建了各个专业的模型,然后以模型为载体关联各方面的信息,最终为管理单位的质量、进度、成本和物料管理提供支撑。通过 BIM 系统的使用,有效减少了施工变更,优化了工序,控制了成本,实现了工程质量的有效提升。

1)基于 BIM-5D 平台的建造全过程管理

通过应用 BIM+互联网技术,实现了对建造过程中基础构件和施工设备的状态、位置、质量、安全等多维信息的有效集成,为建造过程中多方协同作业提供了三维可视化作业平台(图 3-13)。管理人员可通过该平台全方位了解项目进展并结合提供的虚拟模型和专家系统,为进度安排、材料进场、堆场规划、设备运行的智慧决策提供技术支撑。实施人员则可通过该平台进行多方交互协作,解决了施工过程中的多分包协作效率低、信息共享困难等问题。

图 3-13 基于 BIM-5D 平台的建造全过程管理示意图

2)基于 BIM 的数字化/模块化施工管理

通过构建基于 BIM 的数字化/模块化施工管理平台(图 3-14),打通了虚拟 BIM 设计模型与施工现场之间的连接,实现了根据设计信息进行工程模块化施工,避免了人工统计误差,提高了施工效率和进度管理,实现了施工过程的信息实时反馈,为施工模块的进度、质量、安全、材料、检查等数字化辅助校验提供有力支撑,提高问题分析效率,及时有效解决施工过程中存在的问题。

3)基于物联网的智慧建造技术

通过应用物联网和智能移动端等技术,实现了建造过程中施工组件和重大设备的状态、位置、质量、安全等多维信息的实时监测和集成,并结合 BIM 提供的虚拟模型和专家系统,为进度安排、堆场规划、设备运行的决策提供数字化智慧支撑(图 3-15)。

 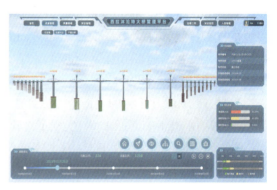

图 3-14　基于 BIM 的数字化/模块化施工管理示意图

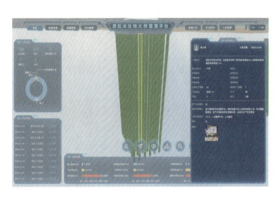 

图 3-15　基于物联网的智慧建造技术示意图

4）数字大屏可视化监控管理

为实现对经乌高速公路项目质量的整体把控，建立了以数字大屏为载体的可视化监控管理平台，实现了各类应用的统一入口和集中访问，集成了各分部视频监控，开发了劳务实名和安全管理专题视图，集中展示产值进度、工序交验和班前教育等数据，并通过地图线路和宣传视频展示经乌高速公路项目整体情况，如图 3-16 所示。

 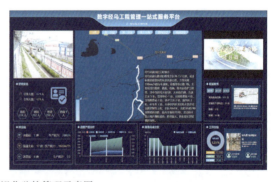

图 3-16　数字大屏可视化监控管理示意图

5）混凝土生产全过程监控信息系统

为切实提高混凝土质量，提升质量风险管控能力，有效监控混凝土生产全过程，保证数据采集系统及时稳定运行，实现录入数据的准确性、拌和时间可控性和原始数据的可追溯性,经乌高速公路项目建设过程中引入了混凝土生产全过程监控信息系统(图3-17),以实现对混凝土生产过程的实时监控。

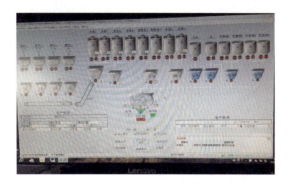
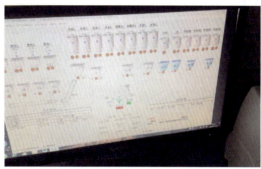

图 3-17　混凝土生产全过程监控信息系统

3.3　厂站建设标准化

3.3.1　项目驻地标准化建设

项目部建设过程中始终遵循"因地制宜、资源节约、绿色环保、功能完备、布局合理、生活便利"的基本原则,结合内蒙古自治区交通厅和内蒙古高等级公路建设开发有限责任公司关于高速公路项目建设的基本要求,从三通一平、易于复垦、树木保护、合理占用土地、最大限度降低成本、远离居民区、降低污染等多个方面开展项目部标准化建设,选址靠近现场,方便管理,不受施工干扰,项目所选场地开阔平坦,面积满足办公、生活功能需要,如图3-18所示。在最大限度保障职工生活的同时,提升项目整体管理调度的便利性。

图 3-18　项目部整体布置示意图

经乌高速公路西拉木伦河特大桥是经乌高速公路项目重点控制工程,项目驻地按照生活区、办公区、施工区"三区分离"的原则进行设置,并保持一定的安全距离,如图3-19所示。

在项目驻地设置了反映工程概况和建设形象的牌图,设置了工程概况牌、项目公示牌、安全质量牌、文明施工牌、环保水保牌及施工现场平面布置图,如图3-20所示。

项目驻地生活区、办公区采用了封闭式管理模式,驻地出入人员需通过固定的出入口(图3-21)。

图 3-19　项目驻地生活区、办公区、施工区"三区分离"

图 3-20　项目驻地现场五牌一图

图 3-21　项目驻地进出口

项目驻地场内道路满足施工车辆的行车速度、密度、载重量等要求,满足车辆运行要求。路面按要求进行了硬化,做到排水畅通,路面整洁,无积水,并按照有关要求进行了场内绿化,如图 3-22 所示。

项目驻地生活区及办公区按照《建筑工程施工现场消防安全技术规范》(GB/T 50720—2011)的有关规定设置了消防设施,配备了消防器材,并定期检查更新,如图 3-23 所示。

3.3.2　拌和站标准化建设

经乌高速公路项目拌和站因地制宜地对拌和基地进行了整体的功能区划分,设置了材料存放区、混凝土拌和区、材料计量区、混凝土搅拌车停放区、机修区、试验区、办公区等多个区域,拌和站采取全封闭管理。场地和出入便道使用强度等级较高的混凝土全部进行硬化,厂区硬化过程中按照四周低、中心高的原则设置不小于1.5%的排水坡,避免形成积水,并完善了相应的排水设施,如图3-24、图3-25所示。

图3-22　项目驻地绿化与硬化

图3-23　项目驻地配备消防器材并定期检查

图3-24　拌和站道路硬化与绿化　　　　　　图3-25　拌和站排水沟

完善了废水利用系统,设置了生产用水蓄水池,并利用三级沉淀池和油水分离装置对自然雨水、污水进行收集再利用,用于混凝土搅拌运输车洗灌和砂石分离清洗,同时设置了相应的防护栏设施及警示标牌,如图3-26所示。

储料仓(图3-27)的容量满足最大单批次连续施工的需要,储料仓按砂石料的品种、粒径分区存储,每区间设置分隔墙,并设置明显材料标识牌。储料仓搭设轻型钢结构顶棚,满足结构受力要求,防止阳光直接照射或雨淋,根据需要设置通风口,高度满足机械设备操作所需空间。

图 3-26 拌和站蓄水池与三级沉淀池

图 3-27 储料仓

拌和机、拌和楼(图 3-28)设置封闭式防尘、防雨、避雷等设施,外加剂库房、配件库房内物品存储离地高度不小于 30cm。外加剂根据品种、批次等采用专门的容器并分开存储,并进行标识。

图 3-28 拌和楼

为满足冬季施工要求,设置了锅炉房和加热系统。拌和楼及控制室按要求配备消防设施,拌和站内定期清理,保持整洁,如图 3-29 所示。

3.3.3 箱梁预制厂标准化建设

箱梁预制厂(图 3-30)按照方便管理、不受施工干扰、靠近现场的原则进行选址。预制厂所有场地进行混凝土硬化处理,按照四周低、中心高的原则设置不小于1.5%的排水坡。场地四周设置了排水沟,同时在厂区内部设置了雨水收集沉淀池,将收集到的雨水用于箱梁养护,节约地下水。

图 3-29 拌和站电锅炉及消防设施

图 3-30 箱梁预制厂标准化建设

3.3.4 钢筋加工厂标准化建设

结合项目钢筋运距、运量、成本控制等相关要求对钢筋加工厂地址进行合理选择,钢筋加工厂整体采用集中布置、封闭式加工管理的管理模式。同时,对钢筋加工厂进行了整体的功能区划分,设置了原材料堆放区、加工制作区、半成品、成品堆放区、运输通道、安全通道、废料堆放区等多个区域(图3-31)。加工车间采用直线形布置,厂内进出通道和作业场所进行分隔管理以保证进出场畅通(图3-32)。

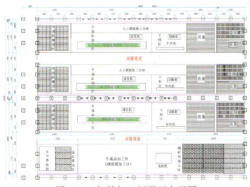 

图 3-31 钢筋加工厂平面布置图　　　　图 3-32 作业场所与交通运输通道分离

钢筋加工厂厂房高度满足天车等起重设备的起吊高度、转运空间、材料堆放高度、富余量等基本要求,且进行了通风、采光设计,如图 3-33 所示。

图 3-33　厂房布置

钢筋加工配备了钢筋调直切断机、砂轮切割机、钢筋切断机、钢筋弯曲机、锯切套丝生产线、钢筋弯弧机、箍筋弯曲机、气保焊机、钢筋笼滚焊机等机械化加工设备。为进一步提高工作效率,配备了部分数控自动化控加工设备,如图 3-34、图 3-35 所示。

图 3-34　钢筋加工设备

图 3-35　数控自动化加工设备

钢筋加工厂原材料、半成品、成品严格按照不同规格、型号垫高分类堆放,并设置了相应的标识牌,原材料离地 30cm 以上,堆料设支垫,对易滑落的原材料进行捆绑固定,如图 3-36 所示。

图 3-36　原材料、半成品、成品分类堆放

钢筋加工厂内部设置明显的钢筋加工图、钢筋加工与运输流程图、设备操作规程、安全标识牌、文明宣传标语、质量宣传标语等安全文明标识标牌,配备消防设施和器材,如图 3-37 所示。

图 3-37　安全文明施工标识牌与消防设施

3.3.5　试验室标准化建设

坚持分区设置、布局合理、互不干扰的原则进行试验室规划布置,并根据不同的试验检测项目配置了相应的基础设施,如图 3-38 所示。

试验室办公区按要求设置了岗位职责、组织机构、授权委托书、试验人员公示牌、试验流程图、晴雨表等。配备了必要的办公设施,如办公桌椅、文件柜、打印机、空调等。办公环境保持干净、整洁、舒适、通风良好(图 3-39)。

图 3-38　试验室整体布局

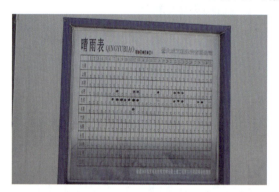

图 3-39　试验室办公区

坚持以人为本的建设理念,对生活区场地进行了硬化和绿化处理。经乌高速公路项目所属区域常年风力能达到4级,为提高房屋建筑的安全性能,采取了相应的防风安全措施。与此同时,为保证项目人员居住的舒适性,在房屋建设过程中提出了以下要求:房屋净高不低于2.6m,房屋挑檐(雨搭)宽度不小于1.2m,房屋散水宽度不小于1m,两排房屋之间预留净宽不小于4m的消防通道。试验室生活区如图3-40所示。

图3-40 试验室生活区

经乌高速公路项目结合工程内容、工程量和所开展的试验检测项目及规模等,设置了集料室、水泥室、沥青室、标准养护室、化学室等一系列独立的试验室(图3-41),同时对试验室的建设标准进行了详细的要求:试验室上、下水通畅,在排水口设置过滤和水封装置,防止试验室排水对周围水环境造成污染;供电系统完备且符合有关标准规范,确保用电安全;通过合理有效的通排风设施,保证试验室空气流通;化学室、沥青室及沥青混合料室配备废弃物集中收集装置,将废弃物定期按规定进行处理。

图 3-41

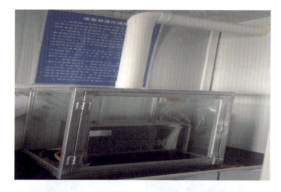

图 3-41 试验室内部设置

3.4 施工作业标准化

3.4.1 路基工程标准化施工

3.4.1.1 填方路基施工

经乌高速公路项目沿线存在较大面积的裸露沙丘,为提高对项目沿线资源的利用效率,降低施工成本,施工过程中将项目路基主要填料确定为风积沙。与此同时,经乌高速公路项目沿线地形起伏较大,为保证路基整体质量,施工单位采用饱水法进行施工,设置围堰进行饱水,围堰长 10m、宽 3m、高 0.3m,每层填筑后有专人进行灌水,以灌水从底部渗出为标准,路基填筑到设计标高后,为了保证质量再进行 7d 连续饱水。局部地形复杂,水源不足,项目部利用西拉木伦河大高差提水进行路基饱水,采用水池集水,分级抽水。填方路基施工流程为:施工准备→放样→清理原地表→碾压与压实度检测→上料整平打围堰→灌水→整平碾压→检测压实度→每 3 层进行放样刷坡。

1)施工准备

施工前按要求合理安排人员及配套机械进场,施工便道采用碎石土填筑,顶面铺筑 10cm 厚石屑找平。施工期间对便道洒水,保证湿润状态、不起扬尘,派专人维护。施工便道及其日常养护如图 3-42 所示。

2)测量放样

路基施工前,首先放出路基的中心线(设计线),每 20m 一桩,然后在路基两侧适当的位置加桩,再根据每填筑层顶面标高放出每层风积沙填筑的边线,边线采用竹竿控制,每20m一桩,上面标出标高线位置(图3-43)。为了保证压实宽度和路堤边缘有足够的压实度,每侧应超出路堤的设计宽度50cm,在填筑结束后修整边坡时予以挖除。

图3-42 施工便道及其日常养护

图3-43 测量放样

3) 清理地表

为了保证施工质量,在施工前首先对路基范围内的树木及草根进行彻底清除,清表深度为原地表以下30cm。并按照设计要求进行整平、浇水、碾压。为了将表土用于绿化和防护,提高表土利用率,将清表土进行集中堆放整形,而后用防尘网遮盖。清理及拆除工作完成后由监理工程师进行现场检查,检查合格后开展后续工作。路基清表及表土集中堆放如图3-44所示。

图3-44 路基清表及表土集中堆放

4)碾压与压实度检测

路基清表及浇水工作完成后,首先利用平地机对路基进行精平,然后采用振动压路机进行碾压(静压),为了保证碾压效果,采用由外向内、由低向高的碾压顺序,错1/2轮,碾压2遍;轮迹较明显时,采用压路机进行复压,碾压遍数一般不小于3遍。碾压完成后及时检测压实度,压实度不合格则重新饱水碾压,直到合格为止。

5)上料整平打围堰

首先根据每层的松铺厚度、平均宽度和长度,计算每个断面所需的材料用量,再根据拉料车的每车拉运量,计算每个断面所需的车数,在每个断面内,确定卸车间距和车数。而后利用自卸汽车运输风积沙,自卸车采用同一型号的汽车。自卸车将风积沙运至现场后,按照确定的卸车间距和车数进行卸车(画方格卸料,见图3-45),并将施工段路基分为上料区、饱水区、碾压区、待检区。根据填料厚度、车辆拉运方量计算出每格需要的土方量。在卸料过程中,现场人员指挥控制卸料,推土机进场进行初平(图3-46),之后平地机二次找平。找平后打围堰进行饱水,围堰长10m、宽3m、高0.3m(图3-47)。

图3-45 路基网格化上料

图3-46 路基分区与上料粗平

6)灌水

每层填筑后安排专人灌水,以灌水从底部渗出为标准。路基填筑到设计标高后,为了保证质量再连续饱水7d。根据路基所属区域特点不同,经乌高速公路项目采用3种方法进行灌水;地势较平坦的段落采用打水井抽水方法进行饱水;西拉木伦河5km范围内采用大高差提水、水池集水、分级抽水方法进行饱水;水位较深段落采用水车集中拉水方式进行饱水。

图 3-47　路基围堰

为了保证路基饱水质量,在浇水过程提出以下注意事项:①保证水井的出水量,水井的直径、间距、数量以及水泵的功率必须匹配;②第1层风积沙浇水须分层、分次进行,防止一次浇水过多,浸泡路基。灌水过程如图3-48所示。

图 3-48　路基灌水

7) 整平碾压

路基饱水满足要求后,首先利用平地机进行精平,然后利用振动压路机进行碾压(静压),碾压由外向内、由路基填筑超宽部分从低向高,错1/2轮,碾压2遍;轮迹较明显时,采用压路机进行复压,碾压遍数一般不小于3遍。

8) 检测压实度

碾压完成后及时检测压实度。由于风积沙是一种比较特殊的路基填料,传统的重型标准击实方法对风积沙不是特别适用,而且试验原理与现场实际施工工艺差别较大,故而采取相对密度法测定风积沙的标准干容重,采用灌砂法检测路基压实度。压实度不合格则重新保水碾压,直到合格为止。

9) 每3层进行放样刷坡

整平碾压完成后,对风积沙路基进行刷坡。风积沙路基边坡坡率采用1:3,一坡到顶,路堤填至设计标高后,按设计的边坡坡度及位置,自上而下进行刷坡。刷坡下来的风积沙用作挡水埝。合理布置的挡水埝既可防止周围的灌溉水或雨水流入路基范围内,又可防止公路的排水流入周围耕地、污染草原。为了避免填筑3层后路基的标高和中线出现误差,在风积沙路基填筑3层后,对路基的标高和中线进行二次测量校正。

桥涵台背回填采用透水性良好的材料与路基同步填筑,并选择合适的机具,严格控制压实。因台背与路基填料不同,为消除不均匀沉降,台背与路基连接处3m范围内采用液压强夯机,每填高1m强夯一遍。台背回填与液压强夯如图3-49所示。

图3-49　台背回填与液压强夯

3.4.1.2　挖方路基施工

经乌高速公路项目挖方路基施工的主要流程为:施工准备→放样→清理原地表→开挖→碾压→压实度检测。施工过程中首先按要求合理安排人员及配套机械进场,而后测量放样,放出路基中心线(设计线),坡顶线根据地形不同对每个变坡点进行放桩,两点之间挂线或撒白灰线作为开挖基准线。放样完成后,对开挖路段进行清表,将表层种植土进行收集和合理堆放。准备工作完成后,对挖方路段进行开挖。开挖过程中,首先对沿线挖方路基的沙土材料进行试验测试,将符合路基填料要求的沙土运往填方路段应用,对于不满足路基应用需求的填料按规定堆放。施工过程中出现土质变化时,将上部沙土全部挖除后再开挖下层,且上部边坡度应符合设计要求。挖方为风积沙零填方路段时,挖至路床顶面标高以下150cm,对开挖基底、路床底面及顶面分层进行重新碾压至满足设计要求;挖方为风积沙路段时,挖方边坡坡率采用1∶3,土石混合边坡坡率采用1∶2;风积沙路基设置积沙平台,上风侧积沙平台宽5m,下风侧积沙平台宽4m。根据所用机械、路堑深度和纵向长的不同,风积沙路段开挖采用横挖法和分层纵挖法施工。

横挖法是以路堑整个横断面的宽度和深度,从一端或两端逐渐向前开挖,主要适用于短而深的路堑。用机械按横挖法挖路堑时,可在不同高度分几个台阶开挖,其深度视工作与安全而定,一般宜为3.0~4.0m,无论自两端一次横挖到路基标高或分台阶横挖,均应设单独的通道及临时排水沟。路堑横挖法可用推土机进行,若弃方或以挖作填运距超过推土机的经济运距时,应按弃方处理。机械开挖路堑时,边坡应配以挖机或人工分层修刮平整。

分层纵挖法是沿路堑全宽以深度不大的纵向分层挖掘前进,主要适用于较长路堑的开挖。当采用分层纵挖法挖掘的路堑长度较短(不超过100m)、开挖深度不大于3.0m、地面坡度较陡时,采用推土机作业。推土机作业时铲挖地段的长度需满足一次铲刀达到满载的要求,一般为5~10m,铲挖应在下坡时进行,下坡坡度不宜小于10%且不得大于15%。当采用分层纵挖法挖掘的路堑长度较长(超过100m)时,宜采用装载机配合自卸汽车作业,并配备1台推土机。

3.4.1.3 填挖交界处理

经乌高速公路项目针对填挖交界的不同施工情况采取了不同措施。

当填挖交界处为横向半填半挖时:清理半填断面的原地面,将原地面挖成台阶,加铺土工格栅,台阶宽度不小于2m,内倾坡度为2%,挖方半幅在路槽下超挖0.8m后再以优质填料回填,从低处往高处分层摊铺碾压。填挖时,下部半填断面原地面处理完成后,经监理工程师检验合格,方可开挖上部挖方断面。

当填挖交界处为纵向半填半挖时,对于地面斜坡坡率陡于1∶5的路堤,台阶宽度不小于2m,高1m,设向内2%的横坡。纵向填挖交界处在路底部做超挖处理,超挖长度10m,厚度0.8m,采用优质填料回填。分层填筑填方,填筑交界处挖成台阶,加铺土工格栅,地锚钢筋为直径25mm的螺纹钢,长度为187cm,挖成圆形洞后从土工格栅上方将地锚放入洞内,浇筑混凝土。开挖填挖交界处时,只有当填方处原地面处理完成并经监理工程师检验合格后,才可以开挖挖方断面。台阶与土工格栅如图3-50所示。

图3-50 台阶与土工格栅

3.4.1.4 高填方施工

在路基高填方段落,为了减少路堤堤身的工后沉降,对于填方高度大于或等于20m的土质或土石混填路堤,每填高5m采用重力式强夯机夯实一次,夯间距为6m,主夯点夯击8次,副夯点夯击5次,夯击能力为1500kN,最后两击平均夯沉量按3.0~5.0cm控制,而后对高填方段落满拍一遍,夯击能为800kN·m。高填方段落强夯施工如图3-51所示。

3.4.2 路面工程标准化施工

经乌高速公路项目路面施工过程中,积极推行路面施工"零污染"的相关举措。在正式施工前,铺筑了路面各结构层的试验路段,并根据试验段总结指导后续路面的施工。同时,经乌高速公路路面施工过程中坚持做到国家环境和生态保护规定,严格遵守国家和行业的

②压路机碾压过程中应设限速装置,尽量缩短全部碾压作业时间。如有局部晒干和风干迹象,补洒少量水,严禁大量洒水。

③压路机倒退和制动要轻且平稳。

④压路机停车务必错开 3m 以上,且应停在已碾压好的路段上,以免破坏底基层结构。

⑤为保证底基层边缘压实度,底基层边缘应采用钢模板作支撑。

图 3-54　胶轮碾压与双钢轮碾压

5)养生

一般情况下无机结合料稳定材料的养生期不少于 7d,且养生期宜延长至上层结构开始施工的前 2d。当碾压完成且压实度满足要求时开始养生。经乌高速公路项目主要采取了土工布或薄膜覆盖、洒水等养生方式,根据工程实际情况而定。为增强路面养生效果,在施工过程中提出了以下注意事项:

①洒水车洒水养生时,不得用高压式喷管,以免破坏底基层结构表面。每天洒水次数应视天气而定,整个养生期间应始终保持水泥稳定级配碎石表面湿润。养生结束后,将覆盖物清除干净。

②无机结合料稳定材料养生期间,小型车辆和洒水车的行驶速度均应小于 40km/h。

③无机结合料稳定材料养生 7d 后,因施工需要重型货车通行时,安排专人指挥,按照规定的车道行驶,且车速不大于 30km/h。

3.4.3 桥梁工程标准化施工

经乌高速公路全线有西拉木伦河特大桥和萨岭河大桥两个控制性工程。桥梁施工过程主要包括桩基施工、钢围堰施工、墩身施工、盖梁施工、桥面铺装等。

3.4.3.1 桩基施工

1）场地平整和护筒埋设

为保证现场施工，首先平整基桩施工场地。为保证机械设备、筋笼、罐车等能够进场，修建了施工便道。根据测量放样出桩位并开挖，埋设钢护筒。护筒具有稳定孔壁、防止坍孔、隔离地表水、导向钻头、固定桩位、保护操作原地面等作用。

2）钻孔

经乌高速公路桩基钻孔主要采用旋挖钻钻进技术，利用钻头下端的切削刃对土层进行切削破碎，切削的土体被挤进钻斗，装满后将钻斗提出孔口，旋转钻机底盘反转，并开启钻斗阀门，将土体排放到地面或直接卸在汽车上运走。通过钻斗的旋转、削土、提钻、甩土多次反复作业而成孔，直至孔底标高。当钻孔达到设计钻进深度后，将钻头提离孔底，采用超声波测孔仪进行成孔检测。

3）清孔

为使得孔底沉渣、泥浆相对密度、泥浆中含钻渣量等指标符合规范要求，当钻孔达到设计深度且质量满足设计要求时，立即进行清孔工作。清孔时，钻头提离孔底 20cm 左右，输入孔内的泥浆比重控制在 1.15 左右。为防止钻孔出现塌陷现象，将孔内水位始终保持在地下水位或河流水位以上 1.5~2m。为保证清孔完成后孔底指标符合规范要求，提出了以下注意事项：

①在清孔排渣时，注意保持孔内水头高度，防止坍孔。

②不得采用超深成孔的方法代替清孔。

③采用优质泥浆，在足够的时间内，经多次循环，将孔内悬浮的钻渣置换出来并沉淀，孔内泥浆须循环 3 次及以上。

④钻孔检查完成后迅速清孔，不得停歇过久使泥浆、钻渣沉淀增多，造成清孔工作困难甚至坍孔。

4）下放钢筋笼

清孔完成后下放制作完成的钢筋笼。下放钢筋笼过程中，对钢筋的直螺纹接头和声测管接头进行重点检查保护。当墩位上每节钢筋笼对接完后，用连接头连接检测管，固定牢靠，以保障成桩后的检测管互相平行。

5）下放导管

为保证混凝土灌注施工质量，施工过程中下放导管前先进行了水密抗压和接头抗拉试验，试验结果满足要求后下放导管。导管下放主要利用履带式起重机和汽车式起重机进行配合安装。下放时，首先调整护筒顶口处导管限位卡板的中心与钻孔中心在同一直线上，然后下放底节导管，利用卡板卡住导管顶部，在导管接头处装入密封圈，同时在丝扣上涂抹黄油，再按照导管编号吊装第二节导管与底节导管连接，连接时将丝扣拧紧，最后缓慢下放。

统、安装内支撑以及验收拼装质量等工作,并对钢围堰河底进行清砂处理,对河床进行检测,为钢围堰着床下放做足准备。钻孔平台拆除、钢围堰平台安装、首层钢围堰安装、刃角混凝土浇筑、第二层钢围堰拼装、下放系统安装、内支撑安装、拼装质量验收、钢围堰内外清砂及河床检查如图 3-60~图 3-69 所示。

图 3-59　钢围堰运输

图 3-60　钻孔平台拆除

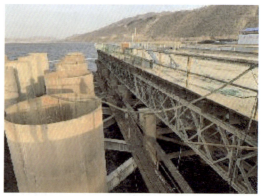

图 3-61　钢围堰平台安装

图 3-62 首层钢围堰安装

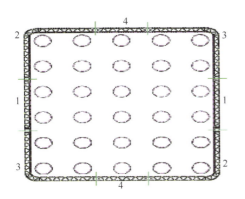

图 3-63 刃角混凝土浇筑

图 3-64 第二层钢围堰拼装

3）钢围堰下放

钢围堰下放主要由下放系统完成。下放系统由连续千斤顶、液压油泵、高强度钢绞线等结构组成。为保证钢围堰下放过程安全、平稳，下放前首先对下放系统进行了调试，以确定每台千斤顶的工作状态处于良好状态，并检测各台千斤顶的伸缩行程。检测完成后开展试吊，根据各千斤顶在围堰平衡下放时的荷载进行逐一预拉，预拉值为 20t。所有的

图 3-70　钢围堰下放

2）钢筋安装

根据承台钢筋图纸确定每种钢筋的分节长度和搭接长度，并确定每种钢筋的用量，而后将钢筋加工场内半成品钢筋运输至现场。承台钢筋施工时，首先用清水冲洗承台垫层及桩顶混凝土，而后由测量人员将承台四周的点放出，用墨线弹出四周直线，确定钢筋间距。为便于在施工过程中准确确定主筋位置，在墨线上按图纸尺寸标注。定位工作完成后，按设计要求安装绑定钢筋。钢筋安装过程如图 3-74、图 3-75 所示。

图 3-71 下放系统拆除及封底平台搭设

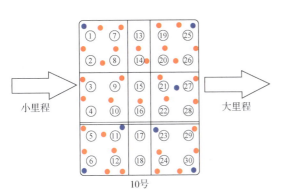

图 3-72 封底混凝土浇筑

图 3-73 围堰抽水

3）模板组拼

结合经乌高速公路工程特点，同时考虑经济效益及现场实际情况，确定了模板型号。面板采用6mm钢板，竖筋板采用8×80钢板，间距为300mm，横肋为[8槽钢，间距为300mm，拉杆采用M20拉杆，横向最大间距为800mm。模板安装前检测模板的刚度、强度、稳定性和结构尺寸，并对锈蚀或表面粗糙的模板进行除锈和打磨（图3-76）。为便于脱模，利用滚筒对面

2)劲性骨架安装

为满足墩身钢筋加固、定位及测量放线的需要,施工时在墩身内设置了劲性骨架。劲性骨架采用桁架结构,由36工字钢、I20十字架、[20限位钢筋组成。为了提高劲性骨架的加工精度,选择在后场较为平整的场地内加工制作,经检验合格后转运到现场安装。安装劲性骨架时,利用焊接技术将节点角钢将劲性骨架的竖杆与预埋竖向杆件拴接固定。为了保障钢筋的精准对接,在劲性骨架上层用角钢以钢筋间距、拉杆和爬锥位置为依据割孔,对钢筋位置进行限位。劲性骨架安装如图3-79所示。

图3-79 劲性骨架安装

3)钢筋加工及安装

为进一步提高墩身质量,抽样检测项目所用钢筋性能,试验结果满足设计和施工技术规范要求后进场投入使用,而后按照应用场所的不同进行相应的制作。制作完成后,按照安装图纸要求进行现场安装,通过竖向主筋定位及接长、水平筋绑扎、倒角筋绑扎、拉勾筋绑扎、钢筋保护层控制等工序流程完成钢筋的现场绑扎安装工作。为了防止混凝土开裂,在钢筋绑扎完成后,在表面设置了10mm×10mm网片,网片与水平筋绑扎固定,实现与下一模的合理搭接。钢筋加工如图3-80所示。

图3-80 钢筋加工

4）温控系统布置

经乌高速公路项目所在地年平均气温低,气温年变幅大,这势必对大桥主墩下部大体积混凝土温控防裂产生不利影响。为确保西拉木伦河特大桥桥墩混凝土施工质量和大桥的整体可靠性,保障大桥施工安全、优质、高效地进行,根据各主墩下部结构大体积混凝土施工的特点,对各主墩下部结构混凝土进行了个性化通水冷却设计,并根据设计规范和要求设定温控指标。基于设计的冷却通水管路,利用智能通水系统(图3-81)实现了桥墩下部大体积混凝土的智能温度控制。

图3-81 智能通水系统

5）模板安装

钢筋绑扎与温控系统布置完成后开始模板安装(图3-82)工作。项目所用模板主要由面板、H20工字木梁、横向背楞和专用连接件等构件组成,面板与竖肋(H20木工字梁)利用自攻螺丝正面连接,竖肋与横肋(双槽钢背楞)利用专用连接爪连接,在每块大模板上部对称设置了两个吊钩。相邻两块模板之间采用芯带连接,用芯带销固定,从而保证了模板的整体性,使模板受力更加合理、可靠。实心段采用爬模外模板,通过吊车将模板安装到位,拉杆采用D20蝶形螺母及垫片紧固,锥形接头和外侧D20螺杆为周转件,中间采用直径20mm的螺纹钢筋,两侧焊接D20拉杆,通过锥形接头与两侧模板对拉。拉杆眼及模板缝用泡沫剂封堵,现场管理人员对拉杆进行仔细检查,以保证浇筑后墩身的尺寸精度。模板安装完成后,专业人员通过建立专用控制网和全站仪对模板进行校正。为克服高空施工中由于墩身过高、风力过大对校正过程产生的不良影响,采用2台全站仪同时从不同角度观测,利用交会法测控点位平面位置。

6）混凝土浇筑

混凝土浇筑时,采用2台汽车泵泵送入模,通过串筒布料到浇筑位置,保证混凝土自由流落高度不超过规范要求的2m。为使得混凝土坍落度满足设计及施工要求,在浇筑前和浇筑时不定时地测试混凝土坍落度。每次浇筑混凝土高度为6m,因此将浇筑过程分为20层,浇筑速度确定为30m³/h。振动棒插入深度确定为进入下层混凝土中10~15cm。振捣时振捣棒距离模板边缘不小于10cm。振捣时每一插振点时间控制在20~30s,以混凝土表面不再下降、泛出水泥浆、不再出气泡为准。混凝土浇筑如图 3-83 所示。

图 3-82　模板安装

图 3-83　混凝土浇筑

7）混凝土养生

混凝土浇筑完成后，覆盖土工布薄膜，安排专人每隔 2h 洒一次水。混凝土墩身养护如图 3-84 所示。

图 3-84　混凝土墩身养护

3.4.3.5　盖梁施工

经乌高速公路项目盖梁施工主要采用销棒法，首先在薄壁墩两侧距短边 50cm 位置预埋

2根φ16cm PVC管作为销棒孔。通过在销棒外露部分焊接槽钢形成千斤顶支撑平台,而后在千斤顶上搭设型钢作为底模及侧模支撑及操作平台。

1) 销棒支撑系统安装

销棒采用φ12cm高强钢棒,共设置4根,上设双肢I56工字钢扁担,两侧设置[14槽钢限位。支撑采用千斤顶作为模板卸落装置,卸落高度为10cm。在千斤顶上方安装2根长14.2m的I56a工字钢作为纵梁,纵梁之间用4根φ16cm的拉杆连接(两侧各设两根),以增强整体稳定性。纵梁上盖梁倒角位置铺设双肢[14槽钢作横梁,间距0.3m,横梁上设置楔形槽钢支架。

2) 底模安装

首先利用坐标放样法对盖梁轴线和边线进行准确放样,而后在横梁上铺组合钢模板,两端处倒角模板用定做的楔形钢筋骨架支撑。底模安装完成后,对底模标高及平面位置进行测量复核。底模安装如图3-85所示。

3) 钢筋制作与安装

根据盖梁钢筋图纸确定每种钢筋的分节长度和搭接长度,并确定每种钢筋的用量,而后将钢筋加工场内半成品钢筋运输至现场。为保障盖梁质量,对项目所用钢筋性能进行了抽样检测和验收,而后采用汽车式起重机吊至盖梁底模上,逐片绑扎施工。为了保证钢筋保护层的厚度(顶、底面、侧面主筋6cm,端头面主筋8cm),钢筋与钢模间采用高强水泥砂浆垫块,用铁丝绑扎在钢筋骨架外侧,确保保护层厚度满足设计及规范要求。盖梁钢筋安装如图3-86所示。

图3-85 底模安装

图3-86 盖梁钢筋安装

4) 模板安装

经乌高速公路项目盖梁模板共有3种类型,每套模板由侧模、底模及端模组成,采用侧包底的形式,拼缝处采用螺栓连接固定。钢模板面板采用6mm厚钢板,水平横肋为[10号,间距为300mm,竖肋为2根[14槽钢,间距为780mm,侧模与端模主横肋连接处设置斜向倒角对拉杆,采用φ25mm精轧螺纹钢,主横肋上安装φ20mm精轧螺纹钢对拉杆配双螺母,沿纵桥向设置6根,标准横向间距为200cm。模板安装时,首先采用25t汽车式起重机(塔式起重机)吊装模板,施工作业人员定位模板,而后按照铺设底模、盖梁钢筋绑扎、安装侧模及端模的顺序完成模板的安装。模板就位后,采用全站仪、垂球吊测等手段检查、调整模板垂直度与轴线偏位,并复核盖梁顶面标高。模板安装过程中的接缝采用泡沫双面胶密封,防止漏浆。模板安装如图3-87所示。

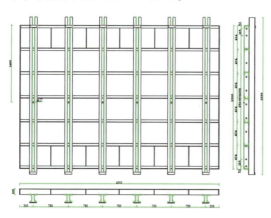

图3-87 盖梁模板安装

5)混凝土浇筑

首先用汽车泵将混凝土送入模内,按照从悬臂端向墩中心的方向对称、分层浇筑,每层浇筑高度设定为30cm,在下层混凝土初凝前或能重塑前完成上层混凝土的浇筑。结构混凝土浇筑完成后,由专业人员对混凝土裸露面进行及时修整与抹平,严格控制顶面平整度。盖梁混凝土浇筑如图3-88所示。

6)养生与模板拆除

混凝土浇筑完成后,当混凝土表面收水并硬化后随即开始对混凝土的养生。当混凝土强度达到设计要求时,拆除模板与支架(图3-89),拆除过程遵循由上而下、先支后拆、后支先拆的基本原则。

图3-88 盖梁混凝土浇筑　　　　图3-89 盖梁模板拆除

7)支座垫石施工

盖梁及挡块施工完成后,将支座区域内混凝土表面凿毛,凿除水泥砂浆和松弱层,直至新鲜混凝土,并用空压机对破碎沙石进行处理。然后由专业的测量人员放出每块支座垫石的位置坐标及高程。待支座垫石钢筋修整绑扎好后,根据各中心点位,安装固定支座垫石模板。支座垫石模板安装完成后,测量人员按照设计及规范要求复测支座垫石模板的平面位置及标高,监理工程师复检和记录支座垫石模板完成情况。

3.4.3.6 桥面铺装

经乌高速公路项目桥面铺装主要采用智能摊铺机。智能摊铺机的应用可使得混凝土摊铺的振捣、提浆、整平效果更为突出。桥面智能摊铺机采用钢丝绳控制标高、纵坡、平整度及横坡度,每5m放样一次,中间采用支架调节标高。标高不受轨道或防撞护栏不平的影响,全面提升了混凝土标高控制的精准度,解决了人为操作带来的不确定因素,实现整幅铺装。桥面摊铺宽度做到护栏边缘,减少二次接缝处理,实现了整幅铺装。增添振动熨平板、振动刮板,对低坍落度混凝土达到高频振捣的效果,使混凝土布料初平起到很好效果,混凝土平整度有了很大提升,节省了人工投入,同时保障桥面外观与质量满足设计与规范要求。桥面铺装如图3-90所示。

图3-90 桥面铺装

3.4.4 涵洞标准化施工

经乌高速公路项目涵洞主要采用装配式箱涵。装配式箱涵施工分为装配式箱涵场站预制和装配式箱涵现场施工两个部分。

3.4.4.1 装配式箱涵场站预制

1)施工准备

装配式箱涵场站预制前,对预制厂场地进行分区和硬化处理,在硬化前铺设蒸汽养生管和喷淋管道,制作底座,底座顶面铺设厚度为 6mm 的钢板,安装止浆带和芯模安拆液压台车,制作安装活动养生棚与拼装液压模板并调试。液压模板优化设计与安装调试如图 3-91 所示。

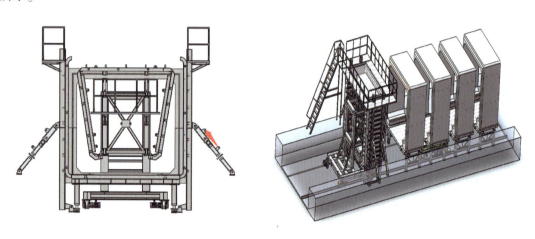

图 3-91 液压模板优化设计与安装调试

2)钢筋加工与绑扎

利用数控机具,按照设计及施工要求完成项目用钢筋的高精度加工,而后将钢筋置于钢筋绑扎胎架进行绑扎,胎架上标有各种钢筋的准确位置,借助该胎架对横、竖向钢筋的间距及钢筋垂直度进行严格控制,确保钢筋绑扎的精确度。钢筋绑扎胎架绑扎如图 3-92 所示。

3)模板安装

模板安装按照模板打磨整理→涂刷脱模剂→移动底模就位→安装钢筋骨架→侧模就位

→拼装一侧端模→芯模和另一侧端模就位→精确调整几何尺寸→固定加固的顺序进行,每一个环节均安排专人对工程质量进行严格把控。为防止漏浆和模板间的硬接触,对侧模、底模、内模接口处采用橡胶管密封。模板安装如图 3-93 所示。

图 3-92　钢筋绑扎胎架绑扎

图 3-93　模板安装

4) 混凝土浇筑

混凝土浇筑主要采用分层浇筑法,一次成型。浇筑过程由下至上,用插入式振动棒配合高频附着式震动器振捣,底部38cm处和倒角位置采用附着式振捣器,振捣棒快插慢拔,振捣时间控制在15s,以混凝土泛出浮浆、无明显气泡冒出且不显著下沉为准。当箱涵节段浇筑完成顶部收面后,对其表面进行二次压光抹面。表面湿润后利用土工布覆盖箱涵节段。

5)养生与拆模

为保障混凝土箱涵整体结构强度,对箱涵进行二次养护。首先在混凝土箱涵拆模前采用活动养生棚(图3-94)进行蒸汽养生,养生棚采用阳光板封闭并加苫布覆盖以保证温度与湿度。预制箱涵强度达到设计要求时,移走养生棚,拆除模板(图3-95),并将现浇与预制的连接部分凿毛。拆模完成后,将预制构件连同底模一起移动至预先规划的养生区域,利用蒸汽和喷淋结合进行二次养生,达到设计强度85%时,养生结束。与此同时,为进一步明确预制箱涵的应用位置,对其进行编号。

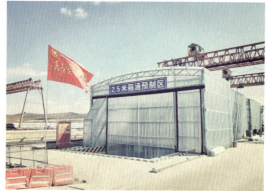

图3-94 蒸汽养生棚

图3-95 箱涵模板拆除

6)箱涵运输

箱涵养生拆模完成后,通过专用运输车将其运输到现场备用。为防止箱涵翻转及运输过程中箱涵节段与运输车发生触碰而出现破损,在接触部位提前铺设橡胶板进行保护。吊装、运输过程中,为增加箱涵节段刚度,在底板开口部位设置2道临时连接工字钢。箱涵运输与存放如图3-96所示。

图 3-96　箱涵运输与存放

3.4.4.2　装配式箱涵现场施工

装配式箱涵现场施工前,对施工现场进行科学合理规划,然后按照测量放样→箱涵安装→现浇段及企口施工的流程进行施工。

1) 测量放线

箱涵安装前,为保证箱涵安装位置及涵洞整体涵长,对涵洞整体轴线及涵洞边线进行测量放线,及时向监理工程师进行报检审核,测量结果符合验收标准后开展箱涵节段安装施工。

2) 箱涵安装

通过 2 台 200t 吊车进行箱涵的卸车及安装,利用翻转平台液压系统将箱涵节段由水平抬升至 60°,然后使用吊车将箱涵节段翻转至安装姿态,临时存放于箱涵基础上。拆除开孔版,直接起吊顶板预埋吊环,使用另一台吊车在基坑内部近距离进行精准安装,由一侧端部向另一侧端部依次进行,保证每个企口紧密连接。为了保证涵洞整体位置及顺直度,施工过程中严格按照测量放样的位置安装箱涵。箱涵安装如图 3-97 所示。

图 3-97　箱涵安装

3) 现浇段及企口施工

箱涵节段企口施工前,通过在插口端设置橡胶防水带、缝内填塞沥青麻絮、节段接缝外侧顶面及侧墙铺设 50cm 宽防水卷材、内侧采用防水砂浆勾缝等一系列手段提高现浇段及企口施工质量。施工过程如图 3-98 所示。

图 3-98　箱涵节段企口施工

3.4.5　防护工程准化施工

经乌高速公路项目防护工程主要包括钢板组合梁桥锥坡、急流槽、小桥护坡、填方护坡、挖方路堑边坡等。钢板组合梁桥锥坡、急流槽、小桥护坡主要采用预制砌块对沿线边坡进行防护,防护过程主要包括砌块预制和铺砌两个部分。填方护坡、挖方路堑边坡主要采用格状沙柳和厚层基材进行防护。

3.4.5.1　砌块预制

砌块预制施工流程为:施工准备→模板清理→混凝土拌制→混凝土入模与振捣→脱模与养生→预制件码放。

1）施工准备

砌块采用集中预制的方式进行制作。预制前按要求对预制场地进行整平、硬化,并划定材料区、小件制作区、养生区和存放区。料仓与养生棚如图 3-99 所示。

图 3-99　料仓与养生棚

2）模具检查与清理

砌块模板主要应用优质、高强、加厚的塑料模具,塑模底板厚度不低于 3mm,侧板厚度不低于 4mm,加强棱间距不大于 5cm。为了保证模板质量,监理工程师在模板入场使用前均进行详细的检查。检查合格后,施工人员用小刀清理模具上残余的混凝土块,然后用清水将模具冲洗干净,晾干后在混凝土接触面涂刷脱模剂,脱模剂涂刷尽量均匀、全面、不留死角。模具清理如图3-100所示。

图3-100 模具清理

3）混凝土拌制

砌块混凝土主要采用50型混凝土拌和站进行拌和。为了避免混合料出现离析和泌水现象,拌和过程安排专班专人检查混凝土坍落度,每工作班不少于2次。

4）混凝土入模与振捣

混凝土拌和完成后,流入小件预制流水化生产线的布料机内,然后流入模具内,再用振动台振动模具2~3s,而后施工人员用铁锹将模具内混凝土补满。为了保证砌块质量,当混凝土入模完成后,立即用电机功率为1.5kW的振动台将混凝土振动摇匀,振动时间设置为1~2min,直至混凝土中的气泡完全散尽,混凝土停止下沉,且表面平坦、出现泛浆为止。混凝土振捣如图3-101所示。

图3-101 混凝土振捣

5）脱模与养生

利用传统工艺进行混凝土砌块脱模,过程较为缓慢。针对这个问题,承建单位设计了小件预制自动脱模机并申请了专利,通过该脱模机可实现混凝土砌块的快速脱模。脱模完成后,将砌块移至养生区,利用土工布覆盖、洒水养生的方式养生 7d 以上。混凝土砌块养生如图 3-102 所示。

图 3-102　混凝土砌块养生

6)砌块码放

砌块养生期满后,按砌块型号、种类分开码垛,构件码放在木制底托上并打捆存放(图 3-103)。

图 3-103　混凝土砌块码放

3.4.5.2　砌块铺砌

砌块预制完成后,按照不用的应用场所铺砌砌块。为保证经乌高速公路砌块铺设质量,对砌块铺设过程提出了以下几点要求:

①砌块铺置应在路堤沉降稳定后进行。铺砌前,先对边坡进行修整、夯拍,检查验收且达到要求后才能进行下一道工序。砌块铺砌应自下而上,用橡皮锤击打,使砖与坡面密贴,不得使用铁锤等硬物。

②采用边坡满铺砌块时,加固范围周边须设 M7.5 浆砌片石镶边,坡脚须设脚墙基础。

③砌块之间的竖缝不得大于 1cm,砌缝要整齐。

④相邻砌块间高差不得超过 0.5cm,严禁表面损坏或已断裂的砌块拼接使用。

⑤上、下边线要整齐,通过测量准确计算砌块用量,上、下边用预制块整半块找齐,再以浆砌片石镶边,砂浆抹面。

⑥混凝土预制块(空心砖)拼装排列应整齐、平顺、紧密、美观并与坡面及相邻砌体衔接密贴、稳固。

钢板组合梁桥锥坡、急流槽、小桥护坡砌块边坡防护效果如图3-104所示。

a)锥坡

b)急流槽

c)小桥护坡

图3-104 边坡防护

为了满足绿色环保需求,填方护坡、挖方路堑边坡主要采用格状沙柳和厚层基材进行防护(图3-105)。

图3-105 格状沙柳和厚层基材

3.5 班组管理规范化

3.5.1 班组实名制管理

为加强和推进经乌高速公路项目劳务管理工作,实施劳务精细化管理,做到施工现场人员底数清、基本情况清、出勤记录清、工资发放记录清、进出项目时间清的"五清"目标,切实维护劳务人员和各管理方合法权益,确保本工程建设的和谐与稳定,经乌高速公路项目承建单位根据相关要求,特制定了劳务实名制制度(图3-106),推行对劳务班组人员的100%实名制管理机制。通过对劳务人员的有效身份证件和国家规定的从业资格证书进行统一收集整理,实现对劳务人员的班组化、信息化、动态化管理,同时也为劳务人员现场考勤、工资支付等管理机制奠定了基础。

 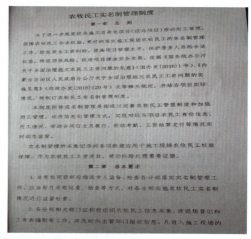

图3-106 劳务实名制

3.5.2 班组入退场管理

经乌高速公路项目实施"合同约定、进场报审、实名登记、班组准入、人证统一"的班组准入管理制度。施工单位与劳务人员依法签订书面劳动合同,明确双方权利义务,而后由班组长按照劳务实名制的具体要求,将劳务人员花名册、身份证、劳动合同文本、特种作业人员证复印件报项目部备案。项目劳务管理人员审核资料,确保人、册、证、合同、证书相统一且符合国家相关规定,对符合项目要求的工作人员进行实名登记。现场劳务人员有变动时及时变更花名册,并向项目部办理变更备案。无身份证、无劳动合同、特种作业无资格证书的"三无"人员不得进入现场施工。发现进场人员与花名册及证件不符时,要求其立即退场。各班组人员退场前,及时支付工人全部工资,由本人领取结清,无拖欠、克扣,与班组长及工人签订退场确认书。通过一系列班组入退场管理措施,进一步强化了对项目现场工作人员的管理,保障了一线工作人员的权益。实名登记名册如图3-107所示。

3.5.3 班组标准化作业

经乌高速公路项目对新入场的工作人员以班组的形式开展培训(图3-108)。同时,通过班组首件制度,对施工作业人员能力进行考核,当施工作业人员的工作能力满足项目施工作业要求后才可上岗作业。与此同时,在施工过程中强化了熟手带生手、师父带学徒的工作机制(图 3-109),进一步推动了班组标准化、规范化建设。

图 3-107 实名登记名册

图 3-108 班组培训

图 3-109 师徒工作制

3.5.4 班组激励机制

施工班组是工程生产的直接操作层,也是项目质量管理、安全管理的最终对象,强化施工班组建设对提升工程质量、施工安全至关重要。为保障经乌高速公路建设质量与施工安全,全面落实经乌高速公路"百年大计,质量第一"的质量目标与"安全第一、预防为主、综合治理"的安全目标,经乌高速公路项目承建单位制定了班组激励机制(图3-110),并按照制度要求积极落实,提高了施工作业人员的工作积极性,为高质量完成经乌高速公路建设奠定了基础。

图 3-110　项目激励机制与落实

3.5.5 班组工资支付管理

为保障经乌高速公路项目劳务作业人员合法权益,项目建设单位依据劳务合同法等法律、法规,结合公司实际情况,制定了劳务作业人员工资支付制度。通过严格落实劳务作业人员工资支付制度的有关规定,保障劳务协作队伍的人员稳定性,推动施工工序按照质量与进度安排正常进行。劳务人员工资支付记录如图3-111所示。

图 3-111　劳务人员工资支付记录

3.5.6 班组教育培训

为提高项目施工作业人员安全意识,经乌高速公路项目承建单位制定了严格的教育培训机制。项目从业人员必须遵守先培训、后上岗的原则,自觉接受安全生产三级教育培训(图 3-112),未接受安全教育培训或培训后考试不合格的员工,不得进入施工现场从事作业或技术管理工作。特种作业人员必须按照国家有关法律、法规接受专门的安全培训,取得相应的培训合格证书或操作资格证书后才可上岗。

图 3-112 教育培训

第4章 科技——推进创新应用

4.1 健全科技创新机制

为充分调动和发挥经乌高速公路项目工作人员技术创新的积极性和主观能动性,鼓励公司职员在工程建设管理过程中不断开展技术创新,加强先进施工技术、施工工艺与工程管理方法的归纳总结,提高公司的竞争力和工程管理水平,经乌高速公路承建单位结合企业自身情况与项目建设情况制定了科技创新管理办法,健全了项目科研创新管理体系。管理体系主要包括决策层和实施层。决策层由公司总经理主持,公司主要领导成员参与,共同组成公司科技创新、科研发展的决策机构,对公司重大技术创新、科研项目、技术合作、科研管理发展规划、创新体制、队伍建设等进行决策,把握经乌高速公路项目科技创新发展总体方向。实施层由公司各部门负责人及相关管理人员组成,主要职责是创建并落实任务清单、管理科研项目、总结建设管理经验、组织课题成果申报、组织相关部门及人员实施科研项目等。通过制定科技创新管理办法,构建职责清晰、运行高效的管理体系,有力促进了经乌高速公路项目科技创新。

4.2 创新施工工艺工法

4.2.1 设备微改造

4.2.1.1 条形预制块模具与限位架

方格网预制件中间仅有一个开口,若设置与植草砖模具相同的脱模钉,脱模时极有可能因受力面积小导致脱模钉单点压强过大而断裂。因此,为方便工人脱模,设计了配套脱模工具,用于方格网中条形混凝土构件模具脱模。模具上宽下窄,空模具在浇筑混凝土前及浇筑振捣时容易倾覆,为保证浇筑过程中模具稳定,设计了模具限位器,固定在预制流水线出料口下端。条形预制块模具与限位架具有以下优点:

①能够快速有效地完成脱模工序。
②提高成品外观质量,减少边角破损。
③减轻工人工作量,节省人工成本。
④有效提高混凝土浇筑速度,缩短工序用时。
⑤减少材料浪费,节约成本。

条形预制块模具与限位架(图4-1)均使用废旧方钢根据条形混凝土构件的几何尺寸焊接而成,提高了废旧材料的利用效率,成品为长60cm、宽30cm的"U"形构件,构件末端焊接长 10cm、宽 6cm 的工字钢,用于卡入预制块模具凹槽处,将其提起。构件的"U"形杆一端设置为活动端,一端设置为固定端,便于提起预制件进行脱模。混凝土浇筑前将模具限位器安装在预制件生产流水线上,而后将条形混凝土模具放置在限位架上,一次可放置 14 个模具共同进行混凝土浇筑,极大地提高了生产效率。条形预制块模具限位架专利证书见图 4-2。

图 4-1 条形预制块模具与限位架

图 4-2 条形预制块模具限位架专利证书

4.2.1.2 滚焊机辅助加工托架

利用传统工艺焊接钢筋笼时,需要焊接人员翻滚钢筋笼,才能完成加强筋全部焊点的焊接,焊接过程不仅浪费焊接人员体力,存在一定的危险性,而且钢筋笼的加工周期也会因此大幅延长。为加快钢筋笼的焊接加工过程,设计制作了滚焊机辅助加工托架。滚焊机辅助加工托架具有以下优点:

①在主筋与箍筋焊接过程中先将部分焊点连接,然后将钢筋笼半成品从滚焊机上拆除,放置在托架上,对剩余焊点进行滚动焊接。在焊接的同时,滚焊机可以进行下一个钢筋笼的制作,极大提高了滚焊机的利用率,缩短了钢筋笼的制作时间。

②可直接在托架上完成加强筋的滚动焊接,避免直接在地上推动钢筋笼焊接加强筋,提高焊接工人工作效率的同时,降低了因推动钢筋笼造成的安全风险。

经乌高速公路项目钢筋笼托架主要利用槽钢焊接而成,托架长940cm、宽83cm,在托架上焊接2列共10个滚轴支架,支架高20cm,每个支架间距125cm,并在支架上焊接直径6cm、长50cm的滚轴。将需要加工的钢筋笼放置在托架上,焊接工人仅需拨动钢筋笼便可实现钢筋笼在托架上转动,轻松实现钢筋笼二次滚焊加工。钢筋笼加工托架如图4-3所示。

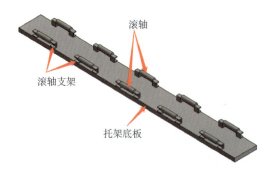

图4-3 钢筋笼加工托架

4.2.1.3 植草砖模具

利用传统植草砖模具制作植草砖时,脱模过程较为缓慢,影响植草砖生产效率与边坡绿化进程。针对植草砖脱模缓慢、生产效率不足的问题,设计专用的植草砖模具,该模具具有以下优点:

①植草砖模具结构简单灵活,脱模时上下一翻便可轻松将小件与模具分离。

②新型的植草砖模具可大幅度减少人工投入,提高植草砖制作效率,节约成本。

经乌高速公路项目设计制作了专用植草砖模具(图4-4),在模具下方方格上设置了15mm的塑料钉,塑料钉与模具成整体,为实心,每个模具有16个塑料钉,通过塑料钉翻转便可实现植草砖轻松脱模。模具改进后,成本基本保持不变,改进前1500块植草砖需7人2h完成脱模,改进后3人2h就可以完成,脱模效率大大提高。

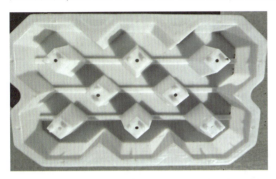
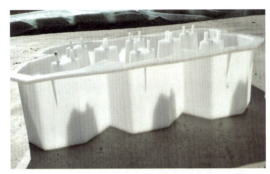

图4-4 植草砖模具

4.2.1.4 装配式箱涵液压式模板

装配式箱涵预制过程中,需要利用预制模板浇筑定型,传统预制模板由多块小模板拼装而成,拼缝多、拼缝效果差,在后续浇筑过程中容易出现错台、漏浆等现象,从而造成预制箱涵外观质量差。另外,模板多次拆装,使得箱涵浇筑过程中需要投入大量的人力物力,其中的碰撞也会造成模板变形,使模板质量下降。与此同时,箱涵预制施工中拆装模板的操作烦琐,工作效率低,对于大批箱涵预制施工,模板拆装次数更多,工作效率更低。因此,现有的箱涵预制模板不适合箱涵的工厂化、规模化、自动化生产。经乌高速公路项目针对装配式箱涵项目施工过程中存在的问题,设计了装配式箱涵液压式模板,该模板具有以下优点:

①箱涵预制整体液压式模板采用整体液压合模安装,减少大量模板搬运、组装的人工操作,大幅提高了安装的安全性。采用定型钢模板,大面刚度大,不易变形,平整度好。几何尺寸精确,有效保证了箱涵涵节的预制质量,特别是外观质量,从而保证了箱涵整体安装质量。组拆过程不用切割焊接,不污染环境,更为绿色环保。液压模板组合、拆模快捷,大幅加快了

预制进度,从而提高了施工速度,增加了经济效益。

②整体液压式模板拼缝少、拼缝效果好,且不易出现漏浆等现象,使得预制箱涵的质量好。另外,脱模、合模均由液压系统控制,能够减少劳动力,工作效率高,且合模、脱模的操作简单,自动化程度高。

③脱模和合模的效率高,使用劳动力少,通过内模小车、底模台车、外收油缸、内收油缸可以实现内模构件、底模构件、外侧模构件、端模构件的快速拆除和安装。

④与传统工艺相比,在相同预制数量、相同工期要求条件下,模板加工套数减少一半以上,模板安拆费用节约65%,存放箱涵成品场地费用节约29%,涵节安装费用节省约30%,大量节约了施工成本。

经乌高速公路项目设计的装配式箱涵液压式模板(图4-5),包括:2套外侧模及其支架,脱模工作时采用油缸翻转;5套底模及底模支架,1套底模台车,含液压控制系统及电机行走系统;1套内模及支架,含液压控制系统,脱模采用油缸;1套内模小车,用于控制内模前进与后退;3套端模,包含凸端模、凹短模及平端模,用于预制3种涵节;另包含供操作和行走的平台与梯子。装配式箱涵液压式模板专利证书见图4-6。

图4-5 装配式箱涵液压式模板

图 4-6 装配式箱涵液压式模板专利证书

4.2.1.5 新型装配式箱涵

随着标准化施工水平不断提升,盖板涵的施工工艺也应随之改变。传统的盖板涵施工,因为施工队伍不同,往往会出现施工质量、施工进度不容易控制等问题。而现有的预制箱涵在吊装安装时不便于操作,而且在接缝处很容易渗漏,影响箱涵的寿命。经乌高速公路项目针对装配式箱涵施工过程中存在的问题,设计了一种新型的装配式箱涵。与现有的技术相比,将预制装配式箱涵的门形框在预制场集中预制,加强了对成品质量的控制,先期预制,统一运输安装,能够加快施工进度;在相邻的门形框的企口榫头端和企口榫槽接缝处采用横向、纵向两道密封进行防护,防止接缝处泄露,有效地保证装配式箱涵的使用寿命。门形框采用 30~35cm 厚的墙身,相比以往的墙身和基础,可节省大量混凝土。装配式箱涵专利证书见图 4-7。

4.2.1.6 防护工程预制构件快速脱模器

为进一步推进经乌高速公路项目绿色公路建设,采用了小件预制的"8字形植草砖"。小件预制"8字形植草砖"浇筑完成后需及时脱模,传统施工过程中"8字形植草砖"主要采用人工敲击的方式脱模,扰动较大,预制成品容易损坏,模具的使用周转次数明显不足,脱模速度慢,人工成本投入较大。为了提高脱模效率、保证脱模质量及模具使用周转次数,经乌高速公路项目针对"8字形植草砖"施工过程中存在的问题,设计了轻便、灵活、经济的脱模设备(图4-8)。该设备具有以下优点:

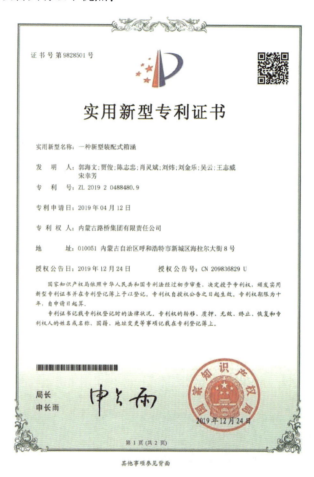

图4-7 装配式箱涵专利证书

图4-8 预制构件快速脱模器

①脱模设备主要利用废旧钢材焊接而成,提高了对废旧材料的利用效率。简易模型质量3kg,尺寸为578mm×230mm。

②脱模设备操作过程简单,仅需要2人就可以完成该工作。脱模时,放在模具上翻转倒置即可脱模。与传统脱模方法相比,可将工作效率提高6倍。

③根据作业人数、生产效率等制作数量匹配的脱模设备,设备重量轻,体积小,使用方便快捷。

脱模设备专利证书见图4-9。

图4-9 脱模设备专利证书

4.2.1.7 箱涵底板浇筑移动料斗

传统装配式箱涵底板浇筑过程中,主要通过一线工作人员推动小推车送料,由于箱涵底部进行了钢筋连接,导致施工速度缓慢,工人工作量大。人工送料过程中,极易发生小推车倾覆现象,造成混凝土浪费或箱涵污染。此外,由于施工进度缓慢,箱涵底板浇筑的成本也将大幅提升。经乌高速公路项目针对箱涵底板浇筑存在的问题,设计了方便、快捷的箱涵底板浇筑移动料斗(图4-10)。首先在装配式箱涵底板钢筋上使用槽钢制作并铺设料斗移动轨道,在罐车放料端的每条轨道底部设置1道挂钩,用于钩挂在底板钢筋上,防止送料造成轨道滑动。而后使用废旧钢材制作料斗托架,使料斗固定在托架上,并在托架底部安装4个定向滚轮,车轮上安装阻力钉,使料斗可以在轨道上前后移动的同时防止车轮打滑。每2m长轨道接头焊接1个插孔,两条轨道使用"U"形钢筋连接,保证轨道连接稳定的同时可快速拆装轨道,方便施工。料斗移动利用电控系统控制,电控系统主要由遥控开关、电机、减速机、皮带机、链轮、链条、从动链轮、驱动轴等部件组成。电机动力由皮带传输到减速机。减速机动力输出端通过皮带与驱动轴皮带轮连接,将动力传到驱动轴,驱动轴两侧与轮胎对应的位置安置链轮。驱动轴链轮通过驱动链条与轮胎链轮相连,从而实现由电动机带动小车匀速运动。利用倒顺开关实现小车前后换向行走。设计的现浇混凝土底板漏斗,可节省人工费每延米53元,对降低项目成本具有重要作用。移动式料斗如图4-10所示。

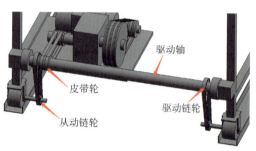

图4-10 移动式料斗

4.2.1.8 箱涵企口勾缝工具

传统的箱涵企口勾缝主要是施工作业人员用抹子进行勾缝,很难控制勾缝质量,返工修补问题时有发生,且勾缝密实度、顺滑度以及美观程度也不尽如人意。经乌高速公路项目针对箱涵企口勾缝过程中存在的问题,设计了专用的箱涵企口勾缝工具(图4-11)以提高勾缝效率和勾缝质量。该勾缝工具具有以下优点:

①结构简单,操作方便。
②简化施工难度,提高施工效率。
③勾缝质量易于控制,避免返工修补,节约施工成本。

箱涵企口勾缝工具可大幅度提高箱涵企口勾缝施工效率,相比传统勾缝方法的5人2d完成1道箱涵勾缝,利用该箱涵企口专用勾缝工具,相同人工的情况下,1d可完成1道箱涵勾缝,可节省5人工/d。

 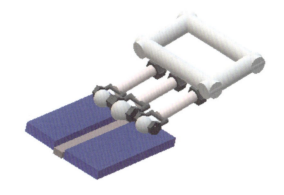

图 4-11 箱涵企口勾缝工具效果图

4.2.1.9 预制块输送导轨车

六棱砌块是边坡防护的主要构件。边坡防护施工过程中需要搬运砌块。传统六棱砌块运输多采用人工搬运的方式,50 型六棱块重量大,人工不易搬运,在搬运过程中极易损坏六棱块边角,导致六棱块砌筑效率较低,且容易出现安全问题。为降低砌块运输难度,提高施工效率,防止搬运过程对人员造成伤害,经乌高速公路项目工作人员针对砌块搬运过程中存在的问题,设计了预制块输送导轨车(图 4-12)。该导轨车具有以下优点:

①结构简单稳定,安全可靠。
②减少了施工作业人员工作量,提高了工作效率。
③减少破损率,保证了六棱块外观质量。

图 4-12 预制块输送导轨车

经乌高速公路项目设计的预制块输送导轨车由 7 部分组成,包括工字钢轨道框架、运输车、电动卷扬机、控制器、滑轮、钢丝绳和滚轴。工字钢轨道架采用 2 根长 15m 工字钢作为轨道,每隔 50cm 焊接圆管固定,增强轨道的稳定性。运输车使用槽钢焊接,车轮为橡胶轮。运输过程中利用控制器控制电动卷扬机转动,带动钢丝绳通过滚轴和滑轮,连接运输车主体结构,从而带动运输车在轨道上、下运输六棱块等物料。运输车一次可运输 8~10 块六棱块,提高了物料周转速度。

4.2.1.10 新型钢筋棚

经乌高速公路项目所处区域风力较大,普通钢筋棚高度较高,易受风力影响出现安全事故。为降低施工过程中的安全风险,经乌高速公路项目工作人员设计了一种新型的钢筋棚(图4-13),该钢筋棚具有以下优点:

①通过设置沿固定棚长度方向活动的移动棚,可有效利用钢筋棚外部的门式起重机将移动棚外的钢筋装卸至移动棚内的钢筋存放区,并可以对移动棚内的钢筋进行吊装和运转,降低劳动强度,提高工作效率。

②取消了钢筋棚内的小型门式起重机,采用等高等宽的固定棚和移动棚,可实现无缝对接。

③降低了钢筋棚整体高度,增强了钢筋棚的抗风能力。

④减少钢筋棚占地面积以及钢筋棚制作材料,降低了钢筋棚的制作成本。

图 4-13　新型钢筋棚

该新型钢筋棚具有明显的价格优势,利用该钢筋棚可减少1台10t门式起重机,制作钢筋棚的材料用量也大幅度减少,1座新型钢筋棚可为项目节约成本约20万元,对施工过程成本控制起到了积极作用。新型钢筋棚专利证书如图4-14所示。

4.2.1.11 箱梁模板微改进

经乌高速公路项目所需箱梁数量较多,采用集中预制的方式制作箱梁。传统模板拆模时间长,拆早了易损伤边角混凝土,拆装周期长,成本相对较高。针对这个问题,经乌高速公路项目参建人员对箱梁模进行了改造。

1) 箱梁钢内模改造

通过将上顶板内倒角的锐角改为圆倒角,模板拆除过程中不伤内倒角处的混凝土,缩短了拆模时间。通过将侧模和底模的直角矩形连接改为倒梯形连接,使得混凝土内钢模的拆除更加方便,通过在浇筑底板混凝土时拆除底板钢模,振捣密实后,再安装底板钢内模的工艺流程,有效防止底板混凝土溢出。

2) 箱梁外模改造

通过在每块外模底部安装万向轮,增加了箱梁外模移动的便利性,仅需2个工人就可以将模板推到既定位置,有效降低了箱梁外模移动过程的安全风险,提高了安全系数,加快了施工速度。通过在外模底部加焊接螺母、增加丝杠及轴承,减小了摩擦力,提高了模板高度调整的便利性。将模板顶部与齿板采用G形定位卡进行连接,提高螺母固定齿板位置实用性。

图 4-14 新型钢筋棚专利证书

经乌高速公路项目箱梁模板创新方案(图 4-15)缩短了拆模时间,加快了拆装速度,减少了人力投入,降低了施工成本,提高了预制箱梁的外观质量与钢筋保护层合格率,确保外露湿接缝钢筋整齐、美观。

图 4-15 改进后的箱梁模板

4.2.1.12 钢筋配送电动台车

经乌高速公路项目沿线桥涵较多,钢筋用量十分巨大,而半成品钢筋制作完成后需要很大的空间用于摆放存储,导致钢筋加工厂内空间严重不足。为解决钢筋加工厂用地不足、空间利用不合理的问题,经乌高速公路承建单位开发了钢筋配送电动台车(图4-16),依据不同的半成品钢筋的规格尺寸及用量制作出车身,车身依据所装半成品钢筋形状尺寸设立胎架,使半成品钢筋不用特意摆放就可以整齐码放,将数控钢筋智能弯箍机输入的半成品钢筋数量直接码放到钢筋配送台车上,由电动牵引车牵引运往钢筋绑扎区。通过钢筋配送电动台车可有效减少半成品钢筋存放场地的占地面积,提高钢筋加工厂的空间利用率,有效减少半成品钢筋在场内二次搬运,减少计数程序,降低人工投入;与此同时,采用电动牵引车做车头,既能减少人工,又可实现绿色环保。

图4-16 钢筋配送电动台车

4.2.1.13 箱涵养护棚

经乌高速公路沿线涵洞主要采用装配式箱涵。装配式箱涵制作完成后,为了进一步提高箱涵的结构强度,需要对箱涵进行养生。传统的箱涵养护棚通常由篷布和养护架构成,而传统养护棚具有篷布易损坏、投入成本大、保湿保温效果差、不利于箱涵脱模、操作烦琐、消耗时间长、工作效率低等问题。为进一步提高箱涵养护质量、提升工作效率、降低施工成本,经乌高速公路承建单位设计开发了一种新型箱涵养护棚(图4-17),养护棚主体由阳光瓦、方钢骨架和卷帘门构成,阳光瓦的强度和硬度比较高,不易损坏,养护棚主体可重复使用,投入成本低,避免重新搭建,节省时间。养护棚主体的外壁铺设有阳光瓦,可以使阳光充分照射进养护棚内部,提高棚内温度,减少燃料消耗,降低能耗,减少成本。箱涵养护棚专利证书见图4-18。

图4-17 箱涵养护棚

图 4-18 箱涵养护棚专利证书

4.2.2 工艺工法微创新

4.2.2.1 预制装配式箱涵施工工法

在传统涵洞现场施工中,模板由各种标准节块拼装而成,节块间采用双面胶带粘贴,用以填充钢板之间的拼缝。但节块间的拼缝通常无法全部填充密实,在后续涵洞浇筑时,会形成竖向拼接缝,从而影响其外观质量。同时,由于传统涵洞现场施工对施工现场环境依赖性较大,易受气候、天气因素影响,进而影响工程的施工进度。为进一步提升施工质量,经乌高速公路项目承建单位将原来的箱涵现场浇筑施工改为预制装配式箱涵施工,采用集中预制现场安装的施工方式进行施工。预制装配式箱涵施工工法证书见图 4-19。

预制装配式箱涵施工的核心是装配式箱涵模板采用液压式。预制装配式箱涵施工流程为:施工准备及台座制作→钢筋加工及安装→模板安装→混凝土浇筑→拆模前混凝土养生→拆模→拆模后养生→运输与安装→成品存放。施工过程中首先利用行走系统将整体芯模移运至台座中间,箱涵钢筋骨架吊装入模,拼装侧模、端模成形后用横向及竖向液压系统紧固,然后进行混凝土浇筑施工,混凝土强度达到拆模强度后拆模,拆除模板之后通过台车移运芯模至既定位置。

利用预制装配式箱涵进行涵洞施工,不仅加快了施工进度,降低了施工成本,同时在安全、质量、经济、绿色环保方面均有一定的积极作用。

图 4-19　预制装配式箱涵施工工法证书

4.2.2.2　可移动式全液压整体模板预制装配式箱涵施工工法

预制装配式箱涵由预制的箱涵节块(简称"涵节")在涵位处装配而成。装配式箱涵具有建造速度快、生产成本较低、资源节约等优点,近年来广泛应用于公路工程。传统预制装配式箱涵施工过程中,需要对模板进行分块拼装、分块拆卸。但模板装拆过程中容易出现内侧顶板支撑、钢筋绑扎难度大、作业困难等一系列技术难题。为进一步优化装配式箱涵施工工艺,经乌高速公路项目承建单位在传统施工工艺基础上,利用 BIM 技术,对装配式箱涵模板拆装过程进行模拟,最终确定采用预制工艺中主体模板(侧模)原地不动,靠液压拉升和推动解决侧模装拆,同时利用固定轨道移动液压整体内模与底模的施工方法。可移动式全液压整体模板预制装配式箱涵施工工法证书见图 4-20。

图 4-20　可移动式全液压整体模板预制装配式箱涵施工工法证书

可移动式全液压整体模板预制装配式箱涵施工流程为：施工准备、模板的设计加工与安装调试→钢筋加工、绑扎与安装→模板安装→混凝土浇筑→拆模前混凝土养生→拆模→涵节成品运输、存放与安装。施工过程中首先将可移动式底模置于既定位置，然后将在钢筋加工胎架上制备好的钢筋骨架吊放在底模上，液压系统将一端铰接的侧模顶升就位，吊装端模并固定，最后将带行走系统的内模就位，液压系统支撑内模两侧舒展就位，完成模板安装，混凝土浇筑完成并达到拆模强度后，按安装模板的逆序拆模，涵节由可移动式底模移动至养生区进入养护环节。

利用可移动式全液压整体模板进行预制装配式箱涵施工具有以下几方面优点：

①快速、高效、先进。可移动式全液压整体模板设计过程中利用了 BIM 技术，在委托模板工厂加工组装调试后即可投入使用。对日常作业需要反复装、拆的大块整体模板，利用固定轨道机械传动行走和液压支撑与闭合的方式进行，大大节约了构件预制中装拆模板的时间，省工省力，作业效率大幅提高。

②施工安全质量可靠。以箱涵各侧面为单元设计整体模板结构，由底模、侧模、内模和端模四部分组成，其拼装、校模、紧固全部采用机械化作业，辅助设备和施工人员少，避免了传统靠人工配合吊装设备以及需要搭设脚手架或作业平台才能完成的作业，施工人员安全风险降低，模板安装质量可靠，安全更有保证。

③经济效益显著。模板装拆充分利用机械作业代替了传统的人工配合吊装设备的作业方式，拼装模板便捷，节约了时间，大大提高了模板装拆效率。同时，整套模板的可周转使用次数增加，维修费用降低，不再需要搭设脚手架或作业平台，吊装设备和施工人员得以精简，成品存放场地利用率增加，直接和间接效益十分明显。

4.2.2.3 公路工程高墩液压自爬模施工工法

目前高墩施工主要采用翻模、滑模与爬模三种施工工艺，但这三种施工工艺在施工过程中均存在一定的不足：翻模施工需高空吊装，较其他工艺安全性较低、施工速度较慢；滑模施工时模具直接在混凝土表面上滑升，导致高墩外观质量差；爬模施工具有施工成本高的缺点。为进一步提升经乌高速公路高墩施工质量，降低施工成本，承建单位在结合现有高墩施工工艺的基础上，通过综合工艺改进，创新了高墩施工的方法，通过液压自爬模施工工艺完成沿线高墩施工。公路工程高墩液压自爬模施工工法证书见图 4-21。

液压自爬模通过液压油缸将导轨和爬架交替顶升来实现液压自爬模的爬升。液压自爬模施工流程为：首节段钢筋绑扎、预埋件安装→模板安装、首节段混凝土浇筑→拆除模板、安装悬挂件→安装主爬架和模板→轨道爬升→自爬架爬升→墩身正常节段的循环施工→液压自爬模的安装与爬升。

高墩液压自爬模施工具有以下几方面优点：

①结合了滑模和翻模的优点，模板用量少，施工速度快，施工安全。

②施工速度快。施工速度最快可达到 1.15~1.5m/d，是常规方法的 1~2 倍。

③人工工效提高。采用液压自爬模，人工工效提升明显。

④节约成本。施工过程较普通施工工艺更为快捷，节省了塔式起重机、电梯、混凝土搅拌、运输等机械设备费用，而且高墩一般为控制性工程，所以高墩的工期缩短直接带来总工

期的缩短,节约了管理费用。

图 4-21　公路工程高墩液压自爬模施工工法证书

4.2.3　四新技术应用

4.2.3.1　钢结构高效焊接技术

经乌高速公路项目钢箱梁单元件焊接和钢箱梁整体焊接,采用了现阶段较为先进的自动埋弧焊、二氧化碳自动气体保护焊等焊接技术,大大提高了工作效率,节省了工序时间,且能够减少焊接变形。自动埋弧焊、二氧化碳自动气体保护焊等焊接技术与普通焊接技术相比具有较为明显的优势。

自动埋弧焊具有以下优点:

①一方面,焊丝导电长度缩短,电流和电流密度提高,因此电弧的熔深和焊丝熔敷效率都大大提高。另一方面,由于焊剂和熔渣的隔热作用,电弧上基本没有热辐射散失,飞溅也少,虽然用于熔化焊剂的热量损耗有所增加,但总的热效率仍然大大提高,生产效率得到了大幅度提升。

②熔渣隔绝空气的保护效果好,焊接参数可以通过自动调节保持稳定。对焊工技术水平要求不高,焊缝成分稳定,机械性能比较好,焊缝质量较高。

③埋弧焊弧光不外露,没有弧光辐射,机械化的焊接方法降低了手工操作强度,大幅度改善了焊接工人劳动条件。

二氧化碳自动气体保护焊具有以下优点:

①CO_2气体保护焊电流密度大,熔化速度快,焊接过程中不需要清渣,其生产率比普通的焊条电弧焊高 2~4 倍,焊接生产率得到了大幅度提升。

②CO_2气体保护焊电流密度大,电弧热量集中,加热区窄,CO_2气体又有冷却作用,所以焊后焊接变形小,特别是在薄板焊接时可以减少校正变形的工作量。

③CO_2气体保护焊具有很强的氧化性,对焊件的油、锈及其他脏物的敏感性较弱,故对于焊前清理的要求不高,提高了焊接便捷性。

④保护气体在高温时氧化性强,与氢有很强的亲和能力,从而降低了焊缝的含氢量,并防止了氢气孔的产生。在焊接低合金高强钢时,出现冷裂纹的可能性也较小。

⑤CO_2气体保护焊电弧可见性好,易于对准并观察焊缝,操作简单,容易掌握,降低了对焊工的技术要求。

⑥CO_2气体来源广,价格低,消耗的焊接电能较少,因而成本更为低廉,一般CO_2气体保护焊成本为焊条电弧焊的40%~50%。

4.2.3.2 路面底基层、基层采用3D摊铺技术

经乌高速公路项目单幅36km路面水稳结构层摊铺采用了现阶段较为先进的3D摊铺技术(图4-22),3D摊铺技术的应用比传统施工工艺节约了测量放样时间,同时也省去了传统工艺控制标高的全部辅助材料(钢钎、钢丝),对减能减排、降本增效具有显著作用。此外,3D摊铺技术标高控制误差基本控制在5mm,大幅度提高了路面底基层、基层施工精度。

图4-22 智能3D摊铺

路面水稳结构层3D摊铺施工时,需要完成3D摊铺的准备工作,利用木桩加密道路两侧控制点。加密完成后,在熨平板两侧垫20cm左右厚的木方,调整仰角油缸,使熨平板进料角度在摊铺机日常的摊铺状态。熨平板调整完成后,依次调松桅杆夹具螺丝,让两侧桅杆垂直于地面,用全站仪检测合格后,紧固螺丝,做好标记。为防止机器振动引起夹具移位,施工作业应检查夹具位置。桅杆调整完成后进行全站仪选点架设工作。施工准备工作完成后,将存有施工数据的U盘插入数据采集端口中,同步参数,而后根据全站仪测设数据进行摊铺差值控制,开始摊铺碾压。3D摊铺控制系统具有以下优点:

①摊铺过程可以做到连续控制,施工不受光线的影响,可以24h全天候连续作业,提高了施工效率,缩短了施工周期。

②在施工作业中无须现场测量放桩和架设钢丝线,能根据现场施工要求进行灵活的调整。

③施工作业时将设计数据导入控制器,自动控制摊铺高度,减少了施工作业人员投入,减小了人工误差。

④系统根据施工工艺要求准确地按照设计施工,保证了道面的平整度和厚度,提高了施工作业的精确度。

⑤系统对摊铺道面平整度实时进行三维数据监测,可以实时把控施工质量,实现了对施工过程的数字化管理。

传统摊铺施工钉钢钎需要 2~3 人,看管滑靴需要 2 人,架导梁需要 3 人。采用智能 3D 摊铺技术,可节约以上工序人员 7~8 人。按每人 200 元/d,可节约人工费 1400~1600 元/d,可大幅度减少人工投入,节约成本。

4.2.3.3 数字路面

为进一步探索高速公路智能化建设,经乌高速公路项目建设单位引入了数字路面技术。数字路面技术从路面工程建设的全过程出发,基于统一的分解结构,以标准化管理(标准工序、标准岗位、标准流程、标准用表)为基础,借助信息化、大数据、定位技术和物联网等手段,实现路面工程实体、管理行为和施工过程数据的结构化采集、集中化存储和共享化利用。通过数字路面技术可实现以下目标:

①实时采集施工过程可信数据。

②通过精准的差分定位和振动传感技术,实现对摊铺碾压过程和压实度分布趋势的精准反映,辅助过程质量管控。

③通过算法模型进行生产调度,支撑降本增效。

④固化路面标准化工艺流程,提升一线人员专业技术水平,实现减人增效的目标。

经乌高速公路项目通过对数字化路面技术的探索应用,形成了一系列的研究成果,诸如《数字路面标准化实施服务指南》、数字路面管理系统、智能压实实践、文档电子化实践、指挥大屏等。经乌高速公路项目数字路面施工培训与实施过程如图 4-23 所示,数字路面研究成果见图 4-24。

图 4-23 数字路面施工培训与实施过程

图 4-24 数字路面研究成果

4.2.3.4 新型复合塑料模板应用

防撞墙、现浇急流槽和矩形边沟的施工通常利用木模板和钢模板。木模板易于损坏,钢模板重量大,施工便捷性较差且成本较高。为进一步提高施工质量,降低施工成本,推进绿色公路建设,经乌高速公路项目在防撞墙、现浇急流槽和矩形边沟施工过程中,引进了新型复合塑料模板(图 4-25)。

新型复合塑料模板属于高分子复合材料,具有耐严寒、防腐蚀、耐酸碱、韧性好、与混凝土的亲和力差、不易粘黏、容易脱模等优良特性。相对于钢模板等其他传统模板材料,新型复合塑料模板质量为 $15kg/m^2$,仅为钢模板的 $1/7$,但其荷载可达 $60kN/m^2$,远高于一般木模荷载。采用新型复合塑料模板,模数化组合方便,没有模板切割损耗。相比于传统的木模板,塑料模板在多次周转使用报废后,可回收再生,实现产值回收,回收残值高。此外,施工过程中塑料模板采用卡扣连接,拆装简单,大大节约劳动成本及辅助材料成本,弥补了一般木模板、钢模板的缺陷,缩短了施工周期。塑料模板的拼装和拆卸时间比传统模板节省 40%左右,在规范使用的情况下,可以周转使用 60 次以上,从而大幅度降低单次使用成本。塑料模板阻燃性等级可达到 VO 级,可有效降低工地火灾事故可能性,确保施工安全,更好地消除当地防火期防火隐患。

图 4-25 新型复合塑料模板应用

4.2.3.5 钢筋焊接网技术

为进一步提高钢筋焊接质量、缩短焊接周期,经乌高速公路项目桥面铺装过程中引入了钢筋焊接网技术。钢筋焊接网是一种用专门的焊网机焊接成型的网状钢筋制品。将相同或不同直径的纵、横向钢筋分别按设定的纵、横向间距垂直排列,全部交叉点均用电阻点焊,采用多头点焊机用计算机自动控制焊接成型,焊接前后钢筋的力学性能几乎没有变化。钢筋焊接网技术具有钢筋网成型速度快、网片质量稳定、横纵向钢筋间距均匀、交叉点处连接牢固等优良特性。钢筋焊接网技术应用效果如图 4-26 所示。

图 4-26 钢筋焊接网技术应用效果

4.2.3.6 基于BIM的现场施工管理信息技术

为形象展示施工场地环境,模拟施工工序,指导场站选址、场站建设、桥梁施工,经乌高速公路项目在萨岭河大桥施工过程中引入了基于BIM的现场施工管理信息技术。

地形实景建模过程中,结合Civil 3D地形转换及无人机倾斜摄影技术,进行快速场地建模,真实直观地展示项目施工环境,加强了对重点施工工序周围环境的监测。

场站建设过程中,在项目现场平面布置图的基础上,使用Revit进行建模,根据建好的模型,指导场站选址、可视化优化场站、现场施工平面布置,分析布置的合理性分析,避免不合理的布置,及时调整临建场站方案,提高施工效益,保证生产顺利进行。

桥梁施工过程中,建立了精度为LOD300的桥梁BIM模型,对桥梁下部结构、上部结构、桥面、桥梁支座等结构进行模拟,对复杂施工工艺进行可视化处理,指导现场施工。

通过该技术对施工现场进度进行形象、具体、直观的模拟,便于合理、科学地制定施工进度计划,对不同施工阶段之间的沟通和协调进行统一管理,进一步提高施工效率。BIM建模效果图如图4-27所示。

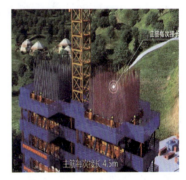
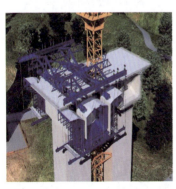

图4-27 BIM建模效果图

4.2.3.7 高强钢筋直螺纹连接技术

经乌高速公路项目在萨岭河大桥高墩钢筋施工过程中引入了高强钢筋直螺纹连接技术(图4-28)。先将钢筋的横肋和纵肋进行剥切处理,使钢筋滚丝前的柱体直径达到同一尺寸,然后再进行螺纹滚压成型并进行连接。高强钢筋直螺纹连接技术耗电少,不需专用配电,无明火作业,不污染环境和钢筋,能全天候施工。由于提前制作钢筋丝头,现场施工装配作业,与焊接及挤压连接相比,无须机械设备,只需一些小工具就能完成主筋的连接,对工人的技术要求也不高,施工速度得到了大幅提高,丝头的加工过程对钢筋的延性影响不大,连接接头不会出现脆断现象,施工质量得到了保证。

图4-28　高强钢筋直螺纹连接施工

4.2.3.8　液压模板爬升技术

为提高经乌高速公路项目大桥过渡墩及引桥墩整体施工质量,经乌高速公路承建单位引入了液压模板爬升技术(图4-29)。通过液压系统可使模板架体与导轨间形成互爬,从而使液压自爬模稳步向上爬升。液压自爬模施工过程中无须其他起重设备,操作方便,爬升速度快,安全系数高。爬模系统主要由模板系统、架体系统、埋件、操作平台与梯子等构件组成。第一次浇筑前,首先将埋件通过M30安装螺栓固定在面板上,用对拉螺栓加固模板。第二次浇筑时,先受力螺栓将埋件支座固定在第一次浇筑时预埋的爬锥上,然后将三脚架挂在埋件支座上,插入安全销。第三次浇筑时,首先将吊平台安装在三脚架底部,作业人员在吊平台上将用过的受力螺栓、埋件支座和爬锥取出并周转使用,并用砂浆修补取出爬锥后留下的洞,直至完成全部的混凝土浇筑。

图4-29　液压模板爬模施工

4.2.3.9 干旱地区风积沙路基大高差提水施工工艺

经乌高速公路部分路段地处半固定半流动沙漠地带,为了保证路基施工质量,采用饱水法进行施工,路基施工对水的需求量较大。尤其在K4+000~K14+072段,沙丘起伏变化大,风积沙自然含水率在1%~2%,车辆进入困难,水井出水率极低,水源因素直接制约工程进度。为了解决路基用水的问题,加快施工进度,提出利用西拉木伦河大高差进行提水的施工方法(图4-30)。通过利用90kW离心泵和一台扬程180m潜水泵将西拉木伦河的水源通过两条PE100/110×6.6mm高压输水管,分级引流入K13+800、K13+000、K12+000集水池,解决了路基施工用水问题。大高差提水施工工艺具有以下优点:

①大幅度提高施工效率,降低施工成本。

②合理利用周边资源,创新干旱地区风积沙施工技术。

③加快了路基施工进度,为后续路面施工奠定了基础。

④消除了高填方、V形沟、填挖结合等关键部位的质量隐患。

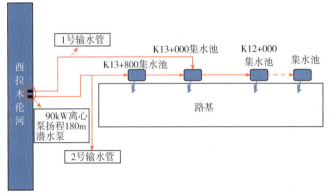 

图4-30 大高差提水施工

干旱地区风积沙路基大高差提水施工技术对路基施工成本的节约与施工速率的提升具有重要作用。通过使用干旱地区风积沙路基大高差提水施工技术,在建设、使用、维护过程中共计节省成本49万元,缩短工期30%。

4.2.3.10 气举反循环清孔工艺

西拉木伦河特大桥主墩桩基为大直径、超长桩基,其中10号、11号、12号主墩桩基采用气举反循环钻机施工(图4-31)。为达到清孔效果,保证成孔及混凝土灌注质量,节约施工成本,10号、11号、12号主墩桩基采用气举反循环工艺清孔。气举反循环清孔利用空压机压缩空气,而后通过安装在导管内的送风管送至桩孔内,高压气与泥浆混合形成泥浆空气混合液,混合液携带沉渣从导管内排出。桩基清孔过程采用气举反循环清孔工艺,具有以下效果:

①清孔能力强,相比于其他清孔工艺缩短了清孔时间。

②空压机位置相对固定,不必频繁移动,施工中一般只需要移动送风软管,降低了作业人员劳动强度。

③施工过程中空压机等机械设备磨损率低,清孔效率高。

④清孔质量好,可保证成孔及混凝土灌注质量。

⑤设备费用投入低,材料消耗少,节约施工成本。

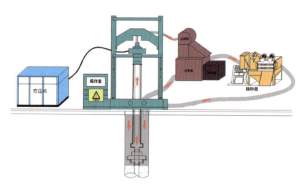

图4-31 气举反循环清孔施工

4.2.3.11 预埋套管整体提吊桩头施工工艺

西拉木伦河特大桥桩基础共计352根,26644延米。为避免破桩对桩身混凝土造成损伤以及对桩顶钢筋笼主筋造成扭曲、损伤,减少破除工作量,加快破桩速度,西拉木伦河特大桥桩基破桩采用预埋套管整体提吊桩头施工工艺(图4-32)。桩基破桩施工过程中采用在基桩钢筋笼顶各主筋上外套软胶管护套的方式,阻断钢筋笼主筋顶与桩顶之间长度内的主筋被基桩混凝土握裹,从而实现整体破除桩头并吊离桩位。预埋套管整体提吊桩头施工工艺具有以下优点:

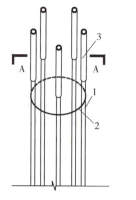

A-A剖面图
1-主筋;
2-箍筋;
3-复合脱松套

图4-32 预埋套管整体提吊桩头施工

①减少了破除工作量,加快了破桩速度。

②避免了传统破桩对桩身混凝土的损伤。

③实现了桩头破除的快速化,减少了桩头破除的人力投入,缩短了桩头混凝土清理时间,每根桩约减少3h。

④避免了传统的桩头破除方法对基桩钢筋笼主筋造成的弯折和损伤,减少了后期桩头主筋调直的工作量。

4.2.3.12　粉砂土深基坑大开挖井点降水施工工艺

西拉木伦河特大桥12号主墩地表以细砂为主,承台尺寸为29.2m(长)×35.5m(宽)×7.0m(高)。12号主墩承台区域的原地面高程为1073.26m,基坑开挖深度为5.873m,地下水位高程为1070.66,地下水深3.273m。施工过程中为缩短井点降水所用时间,提高工效,加快施工进度,采用了粉砂土深基坑大开挖井点降水施工工艺(图4-33)。该工艺具有以下优点:

①井点降水,采用机具、设备简单,使用灵活,拆装方便。

②降水效果好,能使基底以上土质保持干燥,基坑底内不需再设排水沟、集水井,雨季施工时雨水通过基底下渗,通过井点排出。

③可有效防止流沙发生,能有效保证降水质量和施工安全。

④不破坏原土层结构,可有效减轻施工对附近土层的扰动。

图4-33　粉砂土深基坑大开挖井点降水施工

4.3　科研项目稳步推进

经乌高速公路项目施工过程中,以项目建设为依托,积极开展科研,开展了半刚性基层微裂可控关键技术研究及工程应用、基于煤电固废利用的路面基层水泥应用关键技术研究、内蒙古自治区绿色公路设计与施工技术通用指南研究、巨厚风积沙与卵砾石层大直径长桩施工关键技术研究、西拉木伦河特大桥风积沙地层注浆加固与稳定性控制关键技术研究、西拉木伦河特大桥大体积混凝土智能温控关键技术研究、西拉木伦河特大桥超高墩施工关键技术研究、基于西拉木伦河特大桥结构特点的混凝土性能专项研究、冰层变位和水体质量对西拉木伦河特大桥水中结构物影响研究等多个科研项目的研究工作,在提升经乌高速公路工程品质的同时,进一步促进公路交通行业的稳步发展。

4.3.1 半刚性基层微裂缝可控关键技术研究及工程应用

经乌高速公路项目所在区域具有风积沙、酸性弱化岩等地质特点,且具有温差大、气候干燥、高寒、冻融频繁的气候环境特点。针对经乌高速公路地质与气候环境特点,提出在水泥与集料界面靶向引入可控的微裂缝面积和数量方法,引导裂缝微细化,开展了"半刚性水稳基层微裂可控技术研究及工程应用"科研项目,以提高半刚性基层微裂缝的可控性。具体就以下专题开展研究:

①季冻区水泥石-集料接触界面过渡区孔隙填充与微裂纹缺陷引入技术研究。
②季冻区半刚性水稳基层收缩应力随机耗散与裂缝微小化技术研究。
③半刚性水稳基层微裂可控施工技术研究。
④基层用水泥稳定类材料的碾压液化评价与控制技术研究。
⑤微裂技术消除反射裂缝工程应用、效果评价。

4.3.2 基于煤电固废利用的路面基层水泥应用关键技术研究

经乌高速公路项目围绕半刚性基层材料开裂问题与低碳环保问题,结合经乌高速公路地质条件与实际需求,提出"基于煤电固废利用的路面基层水泥应用关键技术研究"项目,在降低半刚性基层材料开裂程度的同时,提高废旧材料的利用率。具体就以下专题开展了研究:

①半刚性基层开裂机理与模型研究。
②基于煤电固废利用的低碳抗裂路面基层专用水泥的组成设计与性能研究。
③面向风积沙稳定的低碳抗裂路面基层专用水泥应用关键技术研究。
④水泥稳定类基层防裂关键技术与工程应用研究。

4.3.3 内蒙古自治区绿色公路设计与施工技术通用指南研究

经乌高速公路项目为将绿色公路内涵和核心要义融入总体设计、路线、路基、路面、桥涵、交通安全设施、沿线设施、景观与环保、服务功能等各个方面,结合内蒙古自治区资源环境特点与路域生态系统类型,提出了"内蒙古自治区绿色公路设计与施工技术通用指南研究"项目,在确定内蒙古自治区路域生态系统分类及不同区域绿色公路建设需求的同时,提出适用于内蒙古自治区绿色公路建设特点的设计与施工技术体系、技术要点。具体就以下专题开展研究:

①内蒙古绿色公路建设内涵研究。
②内蒙古不同生态系统类型绿色公路建设需求分析。
③设计阶段绿色公路通用技术指南研究。
④施工阶段绿色公路通用技术指南研究。

4.3.4 巨厚风积沙与卵砾石层大直径长桩施工关键技术研究

围绕西拉木伦河特大桥建设关键技术,结合大桥建设要求和地质特点,针对本桥的运输条件、场地条件、结构构造及施工技术等,提出了"巨厚风积沙与卵砾石层大直径长桩施工关键技术研究"科研项目。具体就以下专题展开研究:

①巨厚风积沙、卵砾石地层中钢护筒打入设备选型及基于质量和安全前提下的最经济打入深度研究。

②巨厚风积沙、卵砾石地层中成孔所用成孔设备的选择与研究。

③巨厚风积沙、卵砾石地层中成孔钻头的开发研究和调整。

④钻孔灌注桩泥浆护壁稳定性研究。

⑤巨厚风积沙、卵砾石地层中钻进速度与清孔技术研究。

⑥灌注桩成桩过程中保证桩质量的施工技术措施的研究。

⑦保护区、水源地钻孔灌注桩绿色施工技术研究。

4.3.5　西拉木伦河特大桥风积沙地层注浆加固与稳定性控制关键技术研究

围绕西拉木伦河特大桥跨越风积沙岸坡稳定性控制与注浆加固技术,针对风积沙地层特殊的物理力学特性及工程特性,结合西拉木伦河特大桥桩基施工实际特点,提出"西拉木伦河特大桥风积沙地层注浆加固与稳定性控制关键技术研究"项目。具体就以下专题展开研究：

①风积沙地层可注性评价与物理力学特性测试。

②风积沙地层注浆加固技术研究。

③风积沙地层注浆加固效果评价。

④风积沙地层钻孔灌注桩施工前注浆技术研究。

4.3.6　西拉木伦河特大桥大体积混凝土智能温控关键技术研究

围绕西拉木伦河特大桥大体积混凝土温控防裂,针对桥梁工程大体积混凝土特点,提出了"西拉木伦河特大桥大体积混凝土智能温控关键技术研究"项目。具体就以下专题展开研究：

①西拉木伦河特大桥大体积混凝土温控仿真及抗裂能力评价方法研究。

②桥梁大体积混凝土温度控制指标研究。

③研发适用于桥梁工程的大体积混凝土智能温控系统。

4.3.7　西拉木伦河特大桥超高墩施工关键技术研究

围绕西拉木伦河特大桥超高墩建设,结合大桥建设要求和气候特点,针对本桥的运输条件、场地条件、结构构造及施工技术等,提出了"西拉木伦河特大桥超高墩施工关键技术研究"项目。具体就以下专题展开研究：

①钢筋分块吊装施工技术。

②结构设计。

③超高墩精度控制技术。

④超高墩施工设备配置及资源协调。

4.3.8　基于西拉木伦河特大桥结构特点的混凝土性能专项研究

围绕西拉木伦河特大桥项目所采用的 C50 以上高性混凝土、C50 大体积混凝土、C50 防水混凝土、C20/C30/C40 水下混凝土的配合比设计、混凝土强度、工作性能及耐久性能等相

关问题,提出了"基于西拉木伦河特大桥结构特点的混凝土性能专项研究"项目。具体就以下专题展开研究:

①特大桥结构特点对混凝土材料性能的需求分析。

②各强度等级混凝土基准配合比设计。

③新拌和混凝土性能测定。

④高性能混凝土耐久性能测定。

⑤大体积混凝土水化热测定。

⑥特殊性能混凝土性能研究。

4.3.9　冰层变位和水体质量对西拉木伦河特大桥水中结构物影响研究

围绕西拉木伦河特大桥水库冰层断裂对临时结构及墩台基础的影响问题,针对每年冬季水库冰层断裂形成断裂带的特性,结合西拉木伦河特大桥桩台基础及临时栈桥的结构特点,提出了"冰层变位和水体质量对西拉木伦河特大桥水中结构物影响研究"的科研项目。具体就以下专题展开研究:

①现场观测冰层断裂产生位置及走向并分析原因。

②冰层开裂位置模拟。

③预防冰层断裂错台对临时结构及墩台基础破坏的措施。

④冰层开裂后栈桥结构及墩台基础的受力研究。

⑤对库区水体酸碱度、微生物进行研究,探讨水体质量对水中结构物耐久性的影响。

第5章 质量——达到内优外美

5.1 质量管理制度体系完整

为规范经乌高速公路项目建设管理过程,进一步提升经乌高速公路工程质量管理水平,确保建设工程达到优良标准,加强各监理、施工单位人员的管理与监督工作,明确质量责任,实行制度化、科学化、精细化、痕迹化、规范化管理,依据招投标文件、合同文件及有关法律、法规、现行技术标准与规范,结合本项目的特点,制定了《经乌高速公路质量管理办法》与《质量管理实施细则》,对项目质量目标、监理和施工单位人员管理、工程质量管理、技术交底制度、"首件产品"认可制、监理管理、隐蔽工程验收管理、试验室管理、材料管理等内容进行了详细规定。

与此同时,为顺利实现经乌高速公路项目总体质量目标,进一步提高工程质量和参建人员的质量意识,进一步落实质量责任制,健全参建单位竞争机制,充分发挥各级人员主观能动性,调动一切积极因素,根据国家有关法律法规,结合本项目的实际建设情况,制定了《经乌高速公路工程质量奖惩考核实施办法》。此外,编制了《经乌高速公路质量通病预控手册》,总结了高速公路常见质量通病原因和防治措施,以及施工过程中常见问题的原因分析和防治措施,实现了对工程质量的主动监理和超前管理,提高质量保证体系各环节的管理水平。

各项质量管理制度文件见图5-1。

 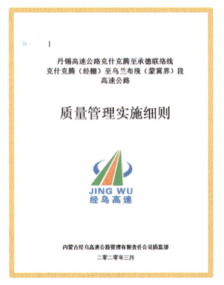

图 5-1

图 5-1　经乌高速公路质量管理制度文件

5.2　质量过程管控严格

5.2.1　严格落实三检制

现场质量质检贯穿于施工过程的每一道工序中,是极其重要的一个环节。经乌高速公路项目为确保工程质量,始终坚持"质量第一,预防为主"的方针,施工过程中始终强调工序检验,严格执行三检制度。要求上岗人员必须先进行技术交底,交底的内容包括施工工艺和施工注意事项,确保施工人员熟悉施工工艺和相关的质量标准。现场检验内容按照《建筑工程施工质量验收统一标准》(GB 50300—2013)相关要求执行,明确检验项目、检验标准和检验方法。对主控项目和一般项目,认真做好原始记录,写明操作时间、操作人,及时整改不合格工序。每个分项工程均按相应检验批质量验收标准进行自检,自检达标后上报现场技术人员,技术人员与质检部进行互检,互检合格后准备检验资料上报监理工程师进行专检,专检合格后进行下一道工序。未经核验的分项工程,或虽经核验但不合格的,不得进行下道工序。

1)自检

施工班组在作业过程中对本组作业段进行检查,发现不合格的地方立即整改,直至达到标准(图 5-2、图 5-3)。

2)互检

自检完成后,技术员、质检部对各组作业段质量进行互检(图 5-4、图 5-5),发现不合格点后责令班组立即整改,直至符合质量验收标准。填写分项工程质量互检记录表格,负责人签字后,报请监理工程师验收。

图 5-2 13m 空心板底板钢筋间距自检

图 5-3 箱涵模板净跨自检

图 5-4 箱涵底部换填压实度互检

图 5-5 箱涵浇筑模板净宽互检

3）专检

自检、互检合格后，通知监理工程师进行专检（图 5-6、图 5-7），合格后进行下道工序。

图 5-6 路基压实度专检

图 5-7 检测箱涵模板净跨专检

5.2.2 严格执行首件制

为有效控制项目的工程施工质量，预防质量通病，消除重大质量事故和质量隐患，推进标准化施工，经乌高速公路项目建设单位在施工过程中全面实行首件工程认可制，按照预防为主、先导试点的原则,在分项工程中选择第一个施工项目作为首件工程,并将首件工程中的每一个工序作为首件工序,对每一道工序制定技术交底文件,按照严格程序进行策划、修正、实施、总结,成熟后推广实施。通过全面推行首件工程认可制度,以首件工程样板示范,引领后续同类工程的标准化施工,以提高项目施工工艺水平和技术质量管理水平,提高功效,确保工程质量。首件制流程如图 5-8 所示。

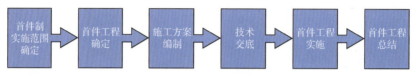

图 5-8　首件制流程图

经乌高速公路项目首件工程制以项目总工程师为组长,项目分管领导为副组长,由质检员、技术质检部、工区负责人、施工现场技术人员及有关职能部门人员组成首件工程推进小组。项目总工程师组织成员编制施工方案,初步施工方案确定后,项目总工程师组织小组成员、各工区长、现场负责人、技术员、操作员及协作队伍人员参加技术研讨会,广泛征集意见,形成最终方案。方案制定后,对所有首件工程制实施人员进行技术交底,确保所有参与人员掌握首件工程的施工方案的具体措施和施工方法,交叉作业的协作及注意事项等,使每一道工序的责任人清楚自己的岗位职责,明确有关具体措施。首件工程实施前,质量工程师按照施工方案及技术交底的内容对参与首件工程的人员、材料、机械设备、施工环境等进行逐一确认,满足要求后方可批准开工,并全程监督。首件工程施工过程中,测量、试验和质检人员全过程检测,记录有关数据,及时反映给施工管理人员,进行成本对比分析。对首件工程施工过程中发现的施工方案不妥之处及施工过程中出现的问题,及时验证研究、改进,确定合适的施工方法,并记录现场改进过程和方法。首件制相关流程如图 5-9~图 5-12 所示。

图 5-9　首件工程施工申请报告

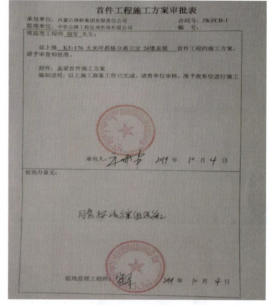

图 5-10　首件工程施工方案审批表

图 5-11　首件工程施工许可证

图 5-12　首件工程技术总结

将首件工程制数据制作成二维码(图5-13),在首件工程展板中展出,进一步提升工作效率,实现资料的长久保留,增强审查的即时性、便捷性。

图 5-13　首件工程二维码

5.2.3　严格管控产品质量

产品的质量决定产品的生命力。为保证质量管理工作的顺利开展,提高产品质量,使之符合应用需求,强化员工工作职责,避免施工过程中发生质量问题,经乌高速公路项目参建单位制定了《经乌高速公路质量管理办法》《经乌高速公路质量管理实施细则》等制度文件,对组织机构与工作职责、原材料及成品做了详细的规定。

5.2.3.1　质量管理组织机构与流程

为保障经乌高速公路产品质量合格,提升项目质量管理效力,强化项目质量管理力度,经乌高速公路项目建设单位成立了质量管理组织机构(图5-14),制定了质量保证体系流程(图5-15)。

5.2.3.2　原材料质量管控

1)原材料进场前过程管控

为加强原材料管理,保证产品质量,防止不合格原材料投入使用,经乌高速公路项目所用原材料采购过程中,每种材料时要求至少选择3家供货厂家,通过比选厂家原材料质量确定最终的进货渠道,与供货商签订采购合同,报监理工程师备案,严格按照有关标准、规范以

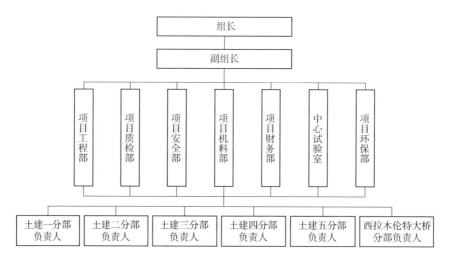

图 5-14 质量管理组织机构

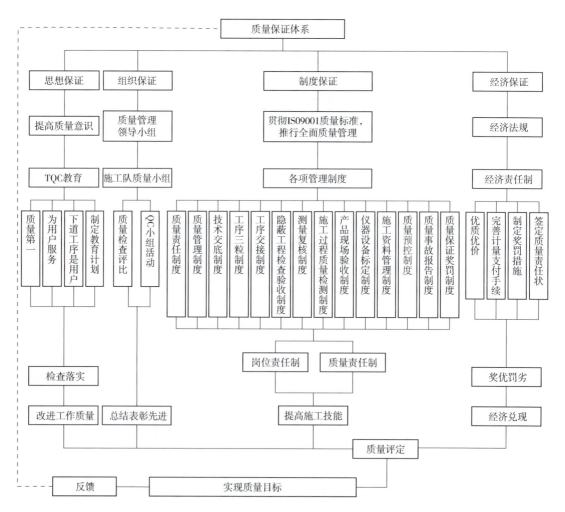

图 5-15 质量保证体系流程图

及监理工程师要求的抽检频率和方法进行详细检测,项目部工地试验室同时开展原材料各项指标的自检工作,材料检验、验收合格后才能允许进厂作为路用原材料。为进一步把控原材料质量,经乌高速公路项目引入了智能物料管理系统,如图5-16所示。

图 5-16　智能物料管理系统

2)原材料进场报验管理

原材料进场时,物资部组织质检员、材料员、试验人员开展联合检查验收工作,检查产品的规格、型号、数量、外观质量、产品出厂合格证、准用证以及其他应随产品交付的技术资料是否符合要求。对于钢材、水泥、砂石料、混凝土、防水材料等须复试的产品,试验室根据试验委托单由试验员严格按规定对原材料进行取样,监理工程师参加见证取样工作,试验室将材料复试结果及时反馈至物资部,合格后填写材料报验单,报监理工程师签字认可后方可投入使用。原材料取样抽检存放如图5-17所示。

图 5-17　原材料取样抽检存放

3)原材料存放管理

为了保证施工现场及拌和场的原材料质量满足施工质量要求,确保各类材料的质量完好性,并对现场材料进行规范的管理和控制,经乌高速公路项目按原材料要求对其进行分区域、分类存放。钢材进入现场后分规格放入钢筋棚指定的地点,并在每种规格的钢筋上悬挂相应的标识牌。现场用砂、碎石料堆码成形,在旁边悬挂材料标识牌,在料堆边上设置临时

123

排水沟。水泥按规格、品种、批号分别存放,树立标识牌。为了防止水泥受潮,仓库尽量封闭,袋装水泥存放时离地30cm、离墙30cm以上,堆放高度一般不超过10层;露天存放时用防水苫布严密覆盖,采取防潮措施。原材料存放管理如图5-18所示。

图5-18 原材料存放管理

5.2.3.3 原材料追溯管理

1)产品可追溯管理

经乌高速公路项目为实现产品的全过程产品标识和可追溯性,对产品实施可追溯管理,物资部对产品名称、品种、规格型号、数量、来源、入库时间、有效期等进行了标识,明确原材料来源、产品参数、产品交付后分布和存储场所,并列出产品清单,要求施工单位在施工过程中按规定记录。与此同时,工程管理部和质量监督部共同负责对各项目部产品标识和可追溯性实施情况进行间断性检查,填写标识检查记录。对不符合要求的,重新标识、登记、记录并保证产品的可追溯性。物料清单如图5-19所示。

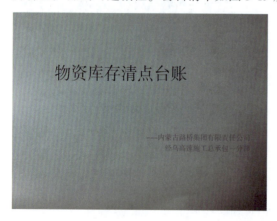 

图5-19 物料清单

2)人员可追溯管理

为落实产品质量管控人员责任,提高产品管控效率,保证材料的试验数据、现场检查数据、原始数据的真实有效,经乌高速公路项目制定了质量管理人员信息档案(图5-20),明确了管理人员责任,实现产品质量管理人员可追溯。

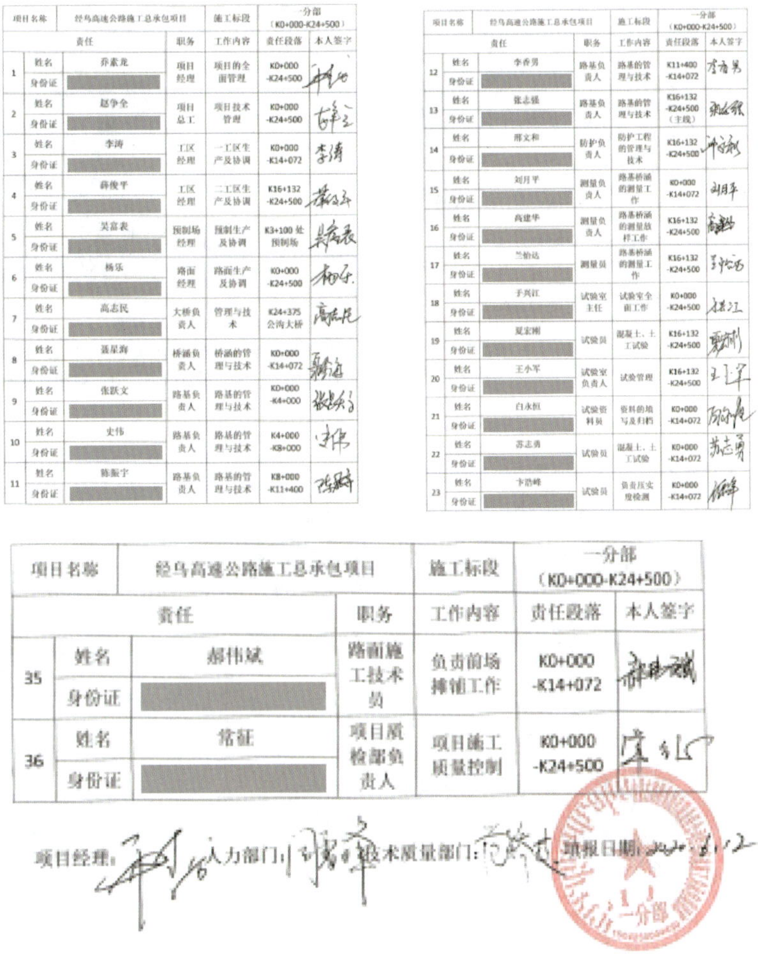

项目名称	经乌高速公路施工总承包项目		施工标段	一分部（K0+000-K24+500）		
责任			职务	工作内容	责任段落	本人签字
1	姓名	乔素龙	项目经理	项目的全面管理	K0+000-K24+500	
	身份证	[redacted]				
2	姓名	赵争全	项目总工	项目技术管理	K0+000-K24+500	
	身份证	[redacted]				
3	姓名	李涛	工区经理	一工区生产及协调	K0+000-K14+072	
	身份证	[redacted]				
4	姓名	薛俊平	工区经理	二工区生产及协调	K16+132-K24+500	
	身份证	[redacted]				
5	姓名	吴富表	预制场经理	预制生产及协调	K3+100处预制场	
	身份证	[redacted]				
6	姓名	杨乐	路面经理	路面生产及协调	K0+000-K24+500	
	身份证	[redacted]				
7	姓名	高志民	大桥负责人	管理与技术	K24+375公沟大桥	
	身份证	[redacted]				
8	姓名	聂星海	桥涵负责人	桥涵的管理与技术	K0+000-K14+072	
	身份证	[redacted]				
9	姓名	张跃文	路基负责人	路基的管理与技术	K0+000-K4+000	
	身份证	[redacted]				
10	姓名	史伟	路基负责人	路基的管理与技术	K4+000-K8+000	
	身份证	[redacted]				
11	姓名	陈振宇	路基负责人	路基的管理与技术	K8+000-K11+400	
	身份证	[redacted]				

项目名称	经乌高速公路施工总承包项目		施工标段	一分部（K0+000-K24+500）		
责任			职务	工作内容	责任段落	本人签字
12	姓名	李香男	路基负责人	路基的管理与技术	K11+400-K14+072	
	身份证	[redacted]				
13	姓名	张志强	路基负责人	路基的管理与技术	K16+132-K24+500（主线）	
	身份证	[redacted]				
14	姓名	邢文和	防护负责人	防护工程的管理与技术	K16+132-K24+500	
	身份证	[redacted]				
15	姓名	刘月平	测量负责人	路基桥涵的测量工作	K0+000-K14+072	
	身份证	[redacted]				
16	姓名	高建华	测量负责人	路基桥涵的测量放样工作	K16+132-K24+500	
	身份证	[redacted]				
17	姓名	兰怡达	测量员	路基桥涵的测量工作	K16+132-K24+500	
	身份证	[redacted]				
18	姓名	于兴江	试验室主任	试验室全面工作	K0+000-K24+500	
	身份证	[redacted]				
19	姓名	夏宏刚	试验员	混凝土、土工试验	K16+132-K24+500	
	身份证	[redacted]				
20	姓名	王小军	试验室负责人	试验管理	K16+132-K24+500	
	身份证	[redacted]				
21	姓名	白永恒	试验资料员	资料的填写及归档	K0+000-K14+072	
	身份证	[redacted]				
22	姓名	苏志勇	试验员	混凝土、土工试验	K0+000-K14+072	
	身份证	[redacted]				
23	姓名	卞浩峰	试验员	负责压实度检测	K0+000-K14+072	
	身份证	[redacted]				

项目名称	经乌高速公路施工总承包项目		施工标段	一分部（K0+000-K24+500）		
责任			职务	工作内容	责任段落	本人签字
35	姓名	郝伟斌	路面施工技术员	负责前场摊铺工作	K0+000-K14+072	
	身份证	[redacted]				
36	姓名	常征	项目质检部负责人	项目施工质量控制	K0+000-K24+500	
	身份证	[redacted]				

项目经理： 人力部门： 技术质量部门： 填报日期：

图 5-20 质量管理人员信息档案

5.2.4 监理单位质量过程管理

5.2.4.1 强化现场管理，排除施工隐患

为了强化现场管理工作，排除施工过程中存在的风险隐患，经乌高速公路项目监理单位通过巡视、旁站等手段(图 5-21)，对项目质量、安全进行监督管理，发现风险隐患时立即以口头告知或书面指令等形式通知承包人整改，并要求“限时、定人”，整改完成后通知监理工程师现场核验。

5.2.4.2 强化巡视和材料抽检，保证施工质量

为了保证工程质量，经乌高速公路项目监理单位按照施工要求，为每一个施工分部配备了专业监理工程师和监理员，监理工程师每天巡视施工现场，查验进入施工现场的产品的出厂合格证、材质单及检测报告，做好验收记录。对进场材料按要求进行严格检验，对不合格的材料采取“零容忍”的态度，监督施工单位清场处理。对用于工程实体的材料，试验监理工程师随机抽样，符合标准后才可进场。监理工程师巡视抽检如图 5-22 所示。

图 5-21 监理工程师现场管理

图 5-22 监理工程师巡视抽检

5.2.4.3 严格履行验收工序,形成闭合管理

经乌高速公路项目监理单位进行工序验收时,严格按照图纸、规范及技术方案。每一道施工工序完成后,由总包部质检员向专业监理工程报验。专业监理工程师查验工序报验单,会同现场质检员抽检验收(图 5-23),确定达到质量标准后,方可进入下道工序,以确保工程质量。对存在问题、验收不通过的,书面记录原因及整改要求,并在后续工作中予以闭合。

图 5-23 监理工程师抽检验收

5.2.4.4 规范监理指令,提高工作效率

经乌高速公路项目监理单位为使监理指令发挥的作用最大化,制定了"指令原则",通过严格执行"指令原则"进一步规范了监理指令的形式和内容,使指令真正起到约束、控制、整改的目的。在施工过程和验收时发现工序有较大问题或需要返工的,及时下发监理指令,整改完成后驻地办安排专人复查,并处理、教育相关责任人,杜绝类似问题再次发生。

5.2.4.5 强化监理资料目录清单管理,提高资料查验便捷性

经乌高速公路项目监理单位成立了专门的资料管理领导小组,全面负责内业资料归纳、整理,并形成目录、清单,做到资料与工程进度同步、及时、齐全、有效。监理单位资料管理如图5-24所示。

图 5-24 监理单位资料管理

5.2.5 监理单位中心试验室质量过程管理

5.2.5.1 材料控制

为确保经乌高速公路项目用于永久性工程的材料符合规范和设计要求,试验监理工程师监督承包人按照规范规定的材料种类、试验项目、试验方法和试验频率进行试验,通过承包人的申报及时掌握试验结果。此外,还制定了严格的材料检查控制要点和控制程序。

1)控制要点

在材料进场前,监理工程师检查承包人用于永久性工程的材料合格证和出厂试验资料。监理工程师在批准承包人使用其所提交的工程材料以前,按规定频率进行抽样试验,在此基础上审批承包人提交的材料使用申请。在材料使用过程中,监理工程师检查承包人所用材料是否与报批的样品一致,发现问题时及时通报,有权撤销对该部分材料的批准。根据工程量反算材料实际用量,掌握实际进场批次、数量,控制承包人申报材料的频率。当发现材料申报频率不足时,对相关工程项目进行扣支或缓支,并采取补救措施保证工程质量。试验监理工程师建立控制性材料审批和使用台账,详细记录材料种类、总数量、进场批次、应申报次数、实际申报次数、审批结果及审批撤销情况等。当承包人使用新型材料时,须按照国家有关规定,上报权威部门技术鉴定证明资料,并要求其委托有相应资质的试验单位进行试验。

2)控制程序

在总体工程进度计划批准以后14日内,承包人根据被批准的总体工程进度计划,按分

项工程编制并向总监办提交总体材料进场计划和材料报验计划,供总监办审批。被批准的总体材料进场计划和材料报验计划应随总体工程进度计划的调整而调整,并需重新报总监办审批。在材料进场之后,承包人应及时填报材料进场报告单,注明进场材料的种类、规格、数量、存放地点、拟使用部位等,供总监办查验。在分项工程开工之前 14 日或合同规定的期限内,承包人应向监理工程师提交工程材料报验单,并附全部详细试验资料,报驻地办、总监办审批。总监办在收到上述申请之后,应及时抽取试样进行试验,并根据试验结果于 14 日内批复承包人的材料使用申请。被总监办批准使用的工程材料,如在使用过程中生产厂家、生产批次、进场批次、规格、配比等发生变化,或实际使用数量已经超过规范规定的允许代表数量,则承包人应重新提交材料使用申请,报总监办审批。总监办对承包人所申请使用材料的批复以试样的试验结果为依据。总监办对工程材料的批准,并不免除承包人的任何质量责任。若监理工程师发现材料在使用过程中与试样不一致或对材料的品质有怀疑时,有权撤销其批准。监理工程师原材料检查如图 5-25 所示。

图 5-25 监理工程师原材料检查

5.2.5.2 试验和检测

对工程材料及工程内在品质,一般通过验证试验、抽样试验和检测进行检查,监理工程师对承包人的取样和试验检测过程进行有效的监督检查,并在承包人全频率抽查基础上由监理试验室按规定的比例进行抽检验证(图 5-26)。不合格的材料不得使用,不合格的工程应修补或返工。

图 5-26 监理工程师检测原材料

5.3 耐久性施工保障措施

为进一步保证高速公路结构耐久性，经乌高速公路建设项目采用了不锈钢液压模板、高性能混凝土等耐久性施工保障措施。

为提高经乌高速公路项目箱梁、箱涵结构强度和整体性能，在30m C50箱梁、C40装配式箱涵的预制厂集中预制过程中采用了不锈钢液压模板（图5-27）。不锈钢液压模板加工工艺具有整体装模、拆模，拆装方便，拼接缝少，整体稳定性好，移动方便，省工省时，施工速度快等特点。箱梁与箱涵模具钢筋骨架的绑扎采用专用钢筋绑扎精准定位胎膜（图5-28）控制，钢筋绑扎位置准确，间距均匀，线形顺直。钢筋保护层采用高强度圆形混凝土垫块，梅花形布置。为了防止混凝土浇筑后因垫块产生外观瑕疵，采用白水泥浆浸泡。钢筋骨架（图5-29）吊装过程使用了专用的机具（图5-30），防止了骨架变形，保证了保护层厚度。预制成型的箱梁和箱涵构件具有外观平整、光洁、无色差、气泡少等优良特性，如图5-31所示。

图5-27　箱涵、箱梁不锈钢液压模板

图5-28　箱涵、箱梁预制骨架绑扎胎模

图 5-29　箱涵、箱梁预制钢筋骨架

图 5-30　箱涵、箱梁钢筋骨架吊装机具

图 5-31　预制箱涵、箱梁构件

经乌高速公路项目全线设特大、大桥 7926m/12 座,其中特大桥 2916m/2 座,大桥 5010m/10 座,涵洞 98 道。项目混凝土总方量预计为 60 余万 m^3。混凝土数量大,对混凝土质量要求高。为保障经乌高速公路沿线混凝土结构物工程质量,提出了高性能混凝土施工理念,要求从混凝土原材料、混凝土配合比、混凝土配制、混凝土运输、混凝土浇筑成型直至混凝土养护的每一个环节都要做到严格控制、精细和标准化施工。通过对混凝土原材料供

第5章 质量——达到内优外美

货方产品质量、供货能力和服务质量的仔细考察,并对其产品进行抽样检验,实现对原材料的优选及质量把控。通过设置混凝土标准化搅拌站,实现了高性能混凝土的顺利生产,保证了高性能混凝土的质量。通过选用优质混凝土模板,严格控制混凝土模板使用程序和浇筑工艺,保障了混凝土结构物的内优外美。高性能混凝土结构物生产过程如图5-32所示。

a)优质砂石原材料

b)标准化料仓

c)标准化拌和站

d)立柱混凝土包裹养生

图5-32 高性能混凝土结构物生产过程

第6章 安全——实现平安工程

6.1 安全管理制度体系建设

为规范经乌高速公路项目的安全生产管理工作,全面落实安全生产责任,建立安全生产长效机制,保障项目参建人员的生命和财产安全,有效预防及遏制重特大生产安全事故发生,根据国家、地方政府及行业有关规定,经乌高速公路建设单位建立了完善的安全管理制度体系,如图 6-1 所示,并成立了安全生产领导小组,设置了专职安全生产管理机构,制定了以安全生产责任考核制度、安全生产事故隐患排查治理和挂牌督办制度、安全生产教育培训制度、安全生产检查制度、安全生产考核奖惩制度、安全生产会议制度、安全生产应急管理办法、安全生产专项费用管理制度等为主要内容的安全生产管理制度。与此同时,为进一步提高项目安全质量管理水平,积极推行并应用了先进的安全生产管理方法,全力做好安全生产事故的防范工作,确保全年不发生一般(含一般)安全生产责任事故,杜绝群体性公共突发事件发生。

图 6-1 安全管理制度文件

为进一步规范经乌高速公路项目安全生产工作,贯彻落实"安全第一、预防为主、综合治理"的安全生产方针,在经乌高速公路项目建设单位整体要求下,各参建单位均建立了安全生产长效机制,规范安全生产管理工作,全面落实安全生产责任制,增强全员安全意识,保障从业人员的生命财产安全与健康。同时将安全生产与责任主体紧密相连,严格落实"党政同责、一岗双责、齐抓共管、失职追责"和"谁主管、谁负责、责权一致""管生产必须管安全""管业务必须管安全"及"管人、管事必须管安全"的基本准则,压实各级人员的安全生产责任,防止和减少生产安全事故。此外,为防止突发事件对项目财产和生命安全造成损失,各参建单位建立健全了安全生产应急管理体系,按照"统一、协调、联动"的原则加强项目现场应急救援建设,提高应急反应能力,并根据《中华人民共和国安全生产法》和《生产经营单位安全培训规定》等有关规定,强化了安全生产教育培训工作,提高了从业人员安全素质,提升了全员参与安全管理、文明施工的积极性,切实提升项目整体安全管理和文明施工水平,全面推进和落实安全生产标准化建设。

6.2 深化平安工地建设

6.2.1 平安工地考核

根据《公路水运工程平安工地建设管理办法》和《公路水运工程平安工地建设及考核评价实施方案》相关要求,经乌高速公路项目建设单位作为施工单位和监理单位平安工地建设考核的评价主体,通过建立健全平安工地建设、考核、奖惩制度,将平安工地建设情况纳入合同履约管理,如图6-2所示,以便进一步强化经乌高速公路建设过程中的督促检查工作,明确参建各方主体职责、工作标准和具体要求。

图 6-2　经乌高速公路项目"平安工地"实施方案

项目开工前,经乌高速公路项目建设单位按照相关标准要求组织开展了安全生产推进会,对经乌高速公路安全生产条件进行了核查,重点对建设程序、招(投)文件、安全生产许可及相应等级资质、安全生产协议书、安全管理职能部门设立、施工安全总体风险评估、安全技术措施、施工现场临时用电方案、综合应急预案、临时场站和驻地选址安全性等多个方面进行核查,符合率达100%。

项目建设期间,经乌高速公路项目建设单位依据《公路水运工程平安工地建设管理办法》多次开展了平安工地建设考核工作,对经乌高速公路项目5个施工分部和4个二级监理单位的平安工地建设情况进行考核评价(图6-3),同时对建设单位的安全管理行为进行自我评价,并将评价结果及时报送当地交通运输主管部门。在每半年一次的考核评价中,建设单位对各参建单位考评中存在的问题进行收集整理,列出整改清单并及时下发到各参建单位,要求各参建单位在规定时间内逐条逐项进行整改,并对参建单位的整改落实情况进行及时跟踪,如图6-4所示。

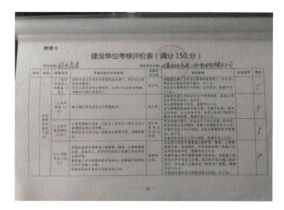

图6-3 平安工地考核

图6-4 平安工地考核通报整改

6.2.2 安全生产标准化

经乌高速公路项目安全生产标准化建设严格按照《公路工程施工安全技术规范》(JTG F90—2015)和建设单位关于项目安全生产标准化建设的要求开展相关工作,从临边安全防护设施标准化建设、临时用电安全防护设施标准化建设、安全施工标准化建设等方面开展相应的安全生产工作。

6.2.2.1 临边安全防护设施标准化建设

经乌高速公路项目水上桩基采用气举反循环回旋钻机施工作业,陆地桩基采用旋挖钻机和冲击钻配合作业。桩基最大直径为2.5m,钻孔深度达102m。钻孔桩施工过程中面临巨厚风积沙、卵石夹大孤石等多种复杂的地质条件,且最大嵌岩深度达20m,危险性较大,因此现场专门制作装配式网片作为孔口防护材料,如图6-5所示,确保桩基施工安全。

图6-5 施工孔口防护

6.2.2.2 临时用电安全防护设施标准化建设

经乌高速公路项目临时用电均采用统一定制的电箱,按照"三相五线制"和"一机、一闸、一箱、一漏"的要求,在进场之初即规范了临时用电管理制度,确保每台设备都使用符合参数要求的漏电保护器,一机一闸,用电设备接地保护。现场临时用电的布设必须经项目电工、安全管理人员、施工员及作业队负责人共同确定后方可进行,布设完成且经项目部电工验收合格后才可供电,有效解决了用电线路凌乱、不防水、不防雨的问题。变压器四周采用彩钢围挡封闭方式,设立警示责任铭牌,有效避免非电工人员操作。电箱统一采用防雨棚进行防护,防止电箱进水产生漏电,影响用电安全。临时用电安保措施如图6-6所示。

6.2.2.3 安全施工标准化建设

经乌高速公路项目为避免水上作业施工产生的安全隐患,加强了水上作业施工安全的应急救援工作,项目部购置了2艘应急救生船(图6-7),聘用了1名专职救生船驾驶员,设置现场水上救生值班室并配备救生器材。为防止施工人员野外作业时吸烟导致火灾事故,专门建立了吸烟室,为施工人员提供固定吸烟场所。

经乌高速公路项目在桥梁工程施工中,为保障施工人员安全,在桥梁两侧设置防护栏杆,挂设安全网,并按规范设置桥梁的临边防护警示标志(图6-8)。桥梁墩台施工高处作业时,设置操作平台和供人员上、下的"之"字形人行斜爬梯(图6-9)。架桥机作业时,架桥机支腿处铺设垫木并临时固结。当现场实测风力达到6级(含)以上或雨雪中级(含)以上时,停止作业并通知现场人员做好防护工作。为保护吊具、钢丝绳、制动装置、限位开关、防护栏

图 6-6　临时用电安保措施

图 6-7　应急救生船

和安全网等重要安全设备，安排专人对现场重要安全设备进行实时监控。为保护架桥机电机，设置了防雨棚及检修平台，检修平台周围设置护栏。架桥机临近、穿越、跨越高压线时，设置专业的防电护网对设备及人员进行保护。架桥机作业平台处设置密目式安全网，在人员行走平台及楼梯设置护栏，保障施工人员的安全(图6-10)。

图6-8　大、中桥安全标识牌及安全防护

图6-9　墩柱施工作业平台、安全爬梯

图6-10　桥面安全防护

为加强安全标准化管理、规范安全生产、文明施工,经乌高速公路项目在施工现场出入口、施工起重机械等设备出入通道口与沿线交叉口均按相关要求设置了安全标志、标牌(图6-11),为工作人员警示工作场所或周围环境的危险状况,指示施工人员采取正确、有效、得力的措施,对危害加以防范,提高自控能力,避免发生事故。

图6-11　安全围挡及标识牌

经乌高速公路项目防撞墙临边施工时采用模板台车(图6-12)。防撞墙模板台车具有集吊装和作业平台一体、经济实用、安全性强、结构简单及操作快捷方便的优点。和以往的防撞墙施工相比,方便了解桥梁防撞墙施工进度和施工质量,确保桥梁防撞墙施工高处作业安全,为安全完成桥梁防撞墙施工创造了良好条件。桥梁防撞墙模板台车由底架、立柱、前后臂、配重箱及电气系统等组成。主体车架底部的前端和后端分别安装有两个前车轮和两个后车轮,主体车架的外侧安装有操作平台,主体车架的顶部设有沿水平方向设置的座导轨,座导轨上安装可沿座导轨移动的座,座的底端安装吊挂装置。利用吊挂装置可起吊模板,并且使吊挂装置沿座导轨移动至所需的位置,施工人员在操作平台上即可方便地安装或拆卸防撞墙模板,作业平台可现场拼装、拆卸,可重复使用,符合各类尺寸盖梁施工要求,经济美观、效费比统一。构件强度、刚度和荷载承载力满足施工要求。平台四周有安全防护围栏,能保证平台施工过程中的安全防护要求,能与上、下爬梯自然结合,作业人员出进方便、安全(图6-13)。

图6-12　防撞墙模板施工台车　　　　　　　　图6-13　盖梁施工安全防护

第6章 安全——实现平安工程

经乌高速公路项目坚持以"安全第一、预防为主"为发展的基本准则,贯彻"统一指挥、高效协调、持续改进"的原则,在施工时按照应急预案的要求配备了应急物资和装备,如消防器材和设备、交通工具、通信联系工具、个体防护设备、医疗设备和药品、各种救援机械和设备、生活保障物资(图6-14)等,并建立了应急物资管理台账、应急物资领取台账,项目物资部对应急物资进行定期检测、保养。项目部机械部建立了应急装备档案,建立应急机械设备管理台账,建立保养维护、检查检测和领取使用台账登记。给工作人员提供了更好更安全的工作环境,保证各种应急资源处于良好的备战状态,有效地避免或减少人员伤亡和财产损失。

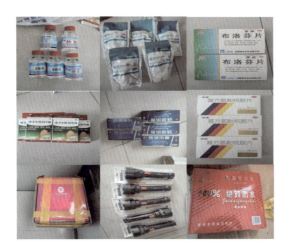 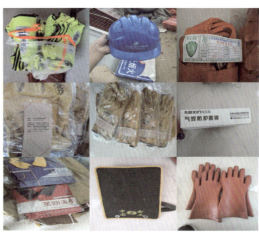

图6-14 安全应急物资及个人防护用品

为在项目现场创造直观的平安工程创建氛围,全方位提升项目现场管理人员和一线工人对平安工程创建的认识水平,参建单位在施工现场通过大标语、班前讲评台等方式对平安工程创建核心内容进行积极宣传(图6-15),进一步提高现场管理人员和一线员工的安全意识。

图6-15 安全宣传

6.2.3 机械化、自动化设备在危险作业中应用

经乌高速公路项目主桥上部结构形式为主跨240m变截面预应力混凝土矮塔斜拉桥，连续梁共计25个施工块段，24号块为合龙段；引桥上部结构采用40m跨径装配式部分预应力混凝土连续T梁；主塔数量共计6个，结构形式一致，主塔布置在中央分隔带上，采用钢筋混凝土结构，矩形实心截面，墩身施工采用全封闭式液压爬模施工工艺，如图6-16所示，加强高空作业防护的安全性。萨岭河大桥与西拉木伦河特大桥高墩施工过程中采用WISA模板（图6-17）。WISA模板产自欧洲，取材为北欧寒带桦木中最好的1/3树干，材质细腻密室，加工性极强，单板每层厚度约1.4mm，十字交叉胶合结构，周转次数在40~50次甚至更多，密度轻，约690kg/m³。在高墩施工过程中应用WISA模板，能够大大提升施工效率。底板整体强度、稳定性极高，施工过程中安全系数很高。

图6-16 全封闭液压爬模施工工艺

图6-17 桥梁高墩应用WISA模板

经乌高速公路项目建设过程中使用语音声光报警器（图6-18），当车辆或者施工人员进入施工现场，报警器就发出"进入施工现场，请戴好安全帽""注意避让施工机械"的警报声音，时刻提醒施工作业人员注意安全，起到"安全生产，警钟长鸣"的作用。

经乌高速公路项目施工现场使用监控远程调控技术，利用互联网监控系统，在特大桥施工桩基、承台、墩柱、预制梁场等各关键点位设置360°远程监控摄像头，将现场作业工况实时传输至建设单位远程指调中心（图6-19），实现对重点工程的远程监督检查，增加了管理工作的便捷性，给施工增添了一道安全防线，督促施工单位做好基本安全措施，筑牢安全生产红线。

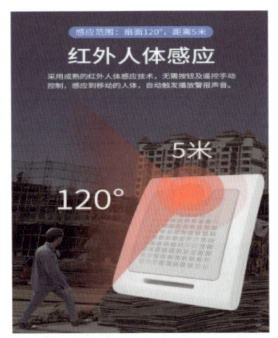 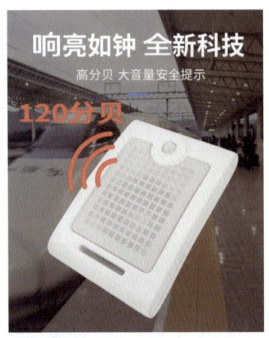

图 6-18 语音声光报警器

图 6-19 工程管理监控平台

6.3 双重预防体系构建

经乌高速公路项目在建设过程中以项目安全管理制度体系为保障,以安全风险辨识和分级管控为基础,以双重预防机制为核心,以防范和遏制重特大事故为重点,建立了"安全第一、预防为主、综合治理"预防控体系方针,确定以不发生死亡及重伤事故、不发生火灾和爆炸事故、不发生职业病事故等为安全生产防控体系目标,为经乌高速公路项目施工提供强有力的安全生产保障。

为加强施工安全生产分级过程管控,经乌高速公路项目总承包部成立了施工安全生产分级管控领导小组,下设各组织机构,按照分级管控、一岗双责职责,层层签订安全生产责任状,明确各自职责,严格落实监管责任。建立了健全的安全生产管理体系,形成了以项目经理为首的安全领导小组,坚持"管生产必须管安全"的原则,健全各类安全管理制度和操作规程,完善、落实了事故应急预案,建立了检查和奖惩机制。健全岗位责任制,从组织上、制度上、防范措施上保证安全生产,做到规范施工、安全操作。在施工过程中开展了各类安全培训(图6-20)、班前教育、设置安全宣传展板等活动,积极提高广大施工作业人员的操作技能和安全生产意识,为施工安全创造坚实的基础。

图6-20 安全生产教育培训

为最大限度排除安全隐患,经乌高速公路项目严格按照《建设工程安全生产管理条例》有关安全生产"一岗双责"的规定,建立了健全的事故隐患排查治理制度。由项目分部经理对本单位隐患排查治理工作全面负责,项目各分部定期组织安全生产管理人员、工程技术人员和其他相关人员排查施工各关键部位的隐患(图6-21)。对排查出的安全隐患,定人、定岗、定措施、定资金,按照职责分工实施监控治理。设立隐患排查治理专项资金,明确与本项目签订劳务合同的分包单位对安全隐患排查、治理以及防控的职责,督促各施工区相关责任人针对排查发现的各项问题进行认真落实整改和复查,确保整改率达到100%。举一反三,定期检查,建立施工工地安全隐患排查治理长效机制。

图 6-21　隐患排查

经乌高速公路项目大力推进安全生产双重预防体系的构建,健全各种突发事故应急预案,成立应急组织领导小组,组织应急培训,发放应急知识宣传手册,开展应急预案演练,进一步提高应急救援能力和应急处置能力。同时,在各项目分部设置应急救援物资储备库,储备齐全的应急救援物资及用品,创新完善了安全管理工作机制,全面提高安全生产工作水平。

6.4　强化安全教育培训与应急演练

6.4.1　安全生产教育培训

安全教育培训是提高全体从业人员安全意识的最根本手段之一,也是构建双重预防机制的前提和保障。只有全面提升从业人员安全意识水平和安全专业水平,才能有效保障施工人员的安全。因此,在常规安全教育的基础上,为进一步提升安全教育的培训效果,提升从业人员安全生产意识和安全专业素养,项目部全体安全管理人员集思广益,进行了许多新的尝试,并取得了显著的成效。

6.4.1.1　多媒体安全培训工具的应用

经乌高速公路项目部在施工现场建立了 BIM+VR 多媒体教育培训室,如图 6-22 所示,购置多媒体教育培训箱,同时建造安全体验馆、班前讲评台,通过多种形式的培训方式,增强施工人员的安全意识及操作技能。项目部依托多媒体培训箱,有效地开展了多种形式的安全教育培训,使管理人员和一线工人更好地理解讲述内容,提高了培训效率。

6.4.1.2　班前安全培训

经乌高速公路项目以强化"基层、基础、基本功"为重点,强化从业人员尤其是现场作业人员的安全教育培训工作,充分利用多媒体培训工具包、安全体验馆等,每日上班前进行班前教育、三级安全教育、岗位危险告知、过程中重点岗位和转岗培训等,如图 6-23 所示,使从业人员掌握应知应会的安全生产技能和应急避险知识。

图 6-22　VR多媒体教育培训室以及安全体验馆

图 6-23　每日班前教育、过程中安全培训

6.4.2 严格落实安全技术交底

为确保经乌高速公路项目所有工程质量可控、安全可控,充分发挥科学技术在施工生产中的促进作用,充分发挥技术人员在质量安全控制方面的关键作用,工程开工前,项目总工根据设计及技术要求按分项工程向参与施工的技术人员进行技术交底(图6-24),且分项工程技术交底尽量做到详细全面,并以书面形式进行。交底内容包括设计要求、技术标准、原材料使用情况、施工方法、质量标准和作业安全注意事项等。

图 6-24 技术交底会

技术交底采用逐层交底制度:首先,项目总工向现场负责施工的技术员进行技术交底;其次,现场负责施工的技术员向施工队负责人及施工队技术负责人进行技术交底;最后,施工队负责人和技术负责人向内部班组长和生产工人进行技术交底。交底全部采用书面形式,相关人员全部签字。交底记录一式三份,交底人、接受人各一份,交项目部存档一份,如图 6-25 所示。

图 6-25 技术交底台账

6.4.3 积极开展应急演练培训

应急演练是应急管理的重要环节,在应急管理工作中有着十分重要的作用。针对不同的情况,经乌高速公路项目编制了总体、专项、现场处置三级预案及相应的应急处置卡,根据项目实际情况在各队伍中推选出经验丰富的作业人员组成兼职应急救援队伍,并定期进行应急能力培训,如图6-26、图6-27所示,普及应急救援知识,提升班组及现场管理人员处置现场突发事件的能力和自我保护能力。项目部及现场均配备应急救援物资库房及水上救援值班室,并且定期对应急物资进行检查维修保养。根据项目施工现场实际情况开展各项应急救援演练,对演练结果进行评估,发现应急预案、执行程序等的缺陷和不足时,对应急预案进行修订与完善,力保应急预案起订快捷、运转流畅。

图6-26 防洪防汛应急演练

图6-27 触电事故应急演练

通过开展应急救援培训,提高了从业人员的事故防范意识、应急处置和应急救援能力,充分认识到了应急预案的重要性,使出现突发事件后可以有效执行应急预案中的相关措施,从而有效起到减轻了事故造成的危害后果的作用。

第7章 生态——实现绿色环保

7.1 绿色环保统筹规划

7.1.1 健全绿色环保制度管理体系

为健全经乌高速公路项目绿色环保制度管理体系，经乌高速公路项目建设单位以《环境影响评价报告》《内蒙古自治区高等级公路建设施工标准化指南系列 第十册 环保》为依据，结合经乌项目的实际情况，编制了《经乌高速公路环境保护管理办法》《工程环保工作指南》《经乌高速公路施工标准化指南系列 环保》分册等，从多个方面对经乌高速公路项目的环保工作进行规范化指导。其中，《工程环保工作指南》从环保工作的目标、措施、环境管理及监控计划四个方面对经乌高速公路项目的环保工作进行了指导；《经乌高速公路施工标准化指南系列 环保》从总则、环境保护职责、环境保护范围、环境保护措施、生态绿化工程、附属生活污水处理工程、桥面径流工程七个方面提出了要求；《环境监理大纲》《环境监理实施细则》《环境监理方案》从生态环境、声环境、水环境、环境空气、固体废物、环境风险、社会环境及环境管理等方面提出了过程监控及管理的要求。以上文件为经乌高速公路项目在建设期做到全过程、全方位的环保管理、检查、监理提供了完善的监管机制，部分成果如图7-1所示。

图7-1 经乌高速公路环境影响报告书及环境监理大纲

7.1.2 制定绿色公路总体实施方案

经乌高速公路项目是交通运输部确定的第二批绿色公路建设典型示范工程项目，是进入新时期后内蒙古目前唯一的部级绿色公路典型示范工程,也是新时期内蒙古交通运输行业探索绿色公路建设的样本。为推进经乌高速公路项目绿色公路建设,经乌高速公路建设单位会同技术支持单位交通运输部科学研究院,经乌高速公路设计、施工、监理、科研等全体参建单位通力配合,编制了《丹锡高速公路克什克腾至承德联络线克什克腾(经棚)至乌兰布统(蒙冀界)段绿色公路建设典型示范工程实施方案》。

经乌高速公路绿色公路实施方案包含资源集约节约利用、环境保护、品质提升、拓展功能完善服务四个大方面,具体有25项实施内容,如表7-1所示。

绿色公路实施方案主要内容　　　　　　　　　　表7-1

类别	实施内容	实施规模
资源集约节约利用	土地资源保护	全线
	建筑采暖及保温	全线监控管理中心、服务区、停车区、养护工区、收费站等房屋建筑
	供电设施永临结合	部分场区
	风光互补供能	部分场区、路段
	沥青拌和楼"油改气"	全线4处拌和站
	太阳能热水器	全线监控管理中心、服务区、停车区、养护工区、收费站等房屋建筑
	节能照明工程	全线监控管理中心、服务区、停车区、养护工区、收费站等房屋建筑
环境保护	植被保护与表土收集	全线
	植被恢复技术	全线
	污水处理及回用	2处服务区
	路桥面径流处置	西拉木伦河特大桥、萨岭河大桥以及主线K24+375、K29+319、K95+645、K96+300、桦木沟连接线改扩建段K23+580桥梁
	野生动物保护	K10+484、K49+704、K58+350三处下穿式桥式通道
品质提升	BIM技术应用	西拉木伦河特大桥
	钢结构桥梁	白井子分离立交、省道304线分离立交和克什克腾旗互通桥
	桥梁养护健康监测系统	西拉木伦河特大桥
	风吹雪等雪害防治	K0+000~K3+300、K31+000~K36+600、K45+000~K55+900、K73+000~K74+600
	互联网+工程管理数据采集与共享服务平台建设	全线
	标准化施工	全线
	高性能混凝土	特大桥下部结构

续上表

类别	实 施 内 容	实 施 规 模
拓展功能、完善服务	廊道景观与旅游服务融合	全线
	旅游设施建设	2处停车区、1处服务区和17处旅游标识
	信息化服务	2处服务区
	服务区多能源供应	2处服务区
	ETC不停车收费系统	全线收费站和匝道收费站
	入口治超	匝道收费站

为进一步落实经乌绿色公路实施方案中的相关内容，经乌高速公路建设单位编制发布了《创建绿色公路典型示范工程工作指南》（图7-2），明确对示范工程25项重点任务相关技术措施的实施情况和应用效果进行过程管控和资料收集总结。工作指南将绿色公路工作任务分解到施工和监理单位的各个分部，确定了资料收集对象、记录方法、统计规范、上报方式和审核要求，明确要求各参建单位根据工作指南制定工作计划并安排专人监督实施，有效保障了绿色公路的建设目标和示范效果。

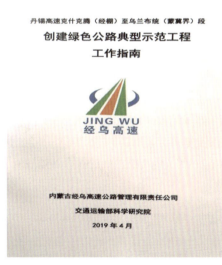

图7-2 绿色公路典型示范工程实施方案及工作指南

7.2 强化生态环保施工

7.2.1 设计阶段采取的生态环保措施

优化了建筑采暖及保温的相关措施：在项目建设期，各个施工驻地均采用了电能硅晶采暖，如图7-3所示。经一个冬季的检验，证明具有良好的采暖效果且可以避免燃煤锅炉等采暖方式造成的环境污染；优化设计后的房屋建筑体形系数和各朝向窗墙面积比均小于节能设计标准限值规定;屋面保温材料采用挤塑聚苯保温板;综合楼外墙采用外贴岩棉板复合保温砂浆外墙外保温系统;综合楼主入口玻璃门、玻璃幕墙采用钢化中空玻璃,窗均采用中空玻璃;框架结构隔墙材料采用200mm厚蒸压加气混凝土砌块,并采用岩棉板做保温处理。优化后的设计方案有效减少了建筑采暖的能源消耗,极大地节约了资源。

图7-3　施工驻地采用的电能硅晶采暖板

7.2.2　施工阶段采取的生态环保措施

7.2.2.1　表土收集与利用

经乌高速公路项目建设过程中,全线路基均采用了分步清表技术,保证了表土资源的有效剥离。将全线收集的表土100%用于边坡、路肩、中分带等位置的绿化恢复工程,取得了良好的生态恢复效果(图7-4~图7-6)。经统计,全线共计节省种植土成本约2375万元;节约柴油28.52万L(约242.08t),折合352.73t标准煤;减少CO_2排放约765t,具有显著的环保效果。

图7-4　表土收集堆放区域

图7-5　待利用和正在利用的表土资源

图 7-6 用于边坡恢复的表土资源

7.2.2.2 路域植被保护

经乌高速公路穿越河谷和疏林草地,原生树木具有较高的生态价值和景观效果。从生态环境的角度来看,树木的根系发达,对固沙保水起到非常好的作用;从景观的角度来看,树木在草原上的点缀使得沿线风景更有立体感,起到良好的"点景"作用。经乌高速公路项目在路基施工之前设置了"环保绿线"(即路基压实边界到公路征地界范围的区域),清表时环保绿线范围的所有原生植被(包括乔木、灌木、草本以及林业部门采伐树木后留下的树桩)由施工方尽量实行保护,除无法避免的砍伐外,尽量保留了红线内原生树木。采取设置围栏、立牌示意等措施(图 7-7),有效避免了施工作业对树木的破坏,起到了景观美化和环保宣传效果,是公路建设过程中环保的重要体现。

7.2.2.3 边坡植被修复采用格状沙柳植草防护和厚层基材植被防护

基于"防沙治沙、带绿施工"的生态保护和修复理念,经乌高速公路项目采用了活性格状沙柳植草(图 7-8)、厚层基材植被防护等绿化技术进行边坡生态修复,并与路基施工同期开展,减少了边坡裸露时间,及时固沙固土,减少了水土流失,缩短了边坡植被的恢复与养护时间。在实施过程中将常规使用的沙柳死枝更换为活体沙柳,起到更好的固沙和绿化作用。项目开工以来,边坡绿化和恢复效果十分显著(图 7-9、图 7-10)。

图 7-7

图 7-7　路域原生树木保护

图 7-8　沙丘坡面格状沙柳防护

图 7-9　边坡绿化生态防护前(上)后(下)对比

图 7-10　路基边坡植草防护、绿化效果

7.2.2.4　河道保护

经乌高速公路项目施工现场紧邻西拉木伦河,施工过程中对水源的保护尤为重要。水上桩基施工主要采用性能先进的 ZJD3500/250C 全气举反循环钻机,施工中尽量避免对水体的污染。桩基施工过程中,对桩基施工产生的泥浆统一进行处理,进一步减轻桩基施工过程中泥浆对施工周边环境的危害程度,如图 7-11、图 7-12 所示。

图 7-11　桩基施工泥浆处理

图 7-12　桩基施工废水处理

7.2.2.5 水泥混凝土拌和站集料循环利用

筑路所用沙石集料属于不可再生资源,为进一步提升集料的利用效率,在混凝土拌和站引入了混凝土砂石分离设备,对道路铺设过程中剩余的混凝土进行分离处理和回收,提高集料资源的利用效率,减少资源浪费,如图 7-13 所示。

图 7-13 水泥混凝土集料循环利用

7.2.3 生态环境监测

经乌高速公路项目自工程开工建设以来,建设单位重视生态环境施工组织和管理工作:在项目土建施工招投标文件中对控制环境污染影响及后果处理的条款提出了要求;在评选施工单位时,选择施工经验丰富、技术力量强的单位,工程建设中采用先进的施工手段和合理的施工工序,有效地控制了环境污染;在施工合同中,明确各施工单位的环境污染防治责任,确保施工全程中有效管理;在合同中明确生态环境施工任务及投资等,明确生态环境管理目标和各参建单位的工作职责;通过加强日常管理工作,认真贯彻落实环境影响报告书批复意见的相关要求,认真学习生态环境保护的相关规程、规范,确保经乌高速公路项目生态环境管理工作顺利开展。

经乌高速公路项目建设单位将环保工程设计的环境保护措施工程量及相应投资划分到各个施工标段,由各施工项目部负责各自施工范围内的环境保护工作,并要求各施工单位按时提交环境保护措施完成情况。建设单位根据工程环境影响报告书及其批复文件,委托环境监理单位承担本工程环境监理工作,督促各项环保措施按时实施,确保符合"同时设计、同时施工、同时投产使用"的环保"三同时"原则。

环境监测单位以《中华人民共和国环境保护法》《中华人民共和国环境噪声污染防治法》《中华人民共和国大气污染防治法》《中华人民共和国水污染防治法》《建设项目环境保护管理条例》等法律、条例为依据,编制了环境监测实施方案,定期对施工界限及影响区域的地表水、噪声、空气进行自行检测和监测,监测标准见表 7-2 ~ 表 7-7。要求各个施工场站都设立 LED 综合环境监测设备,随时掌握现场的噪声、$PM_{2.5}$(细颗粒物)、温度等指标。施工过程中及时掌握项目对环境的影响程度,消除隐患。生态环境检测报告见图 7-14。施工期环境监测工作流程见图 7-15。

第7章 生态——实现绿色环保

地表水环境质量标准(单位:mg/L,pH 除外)　　　　　　表 7-2

项目	pH	COD(化学需氧量)	BOD₅(五日生化需氧量)	石油类	DO(溶解氧)	氨氮	总磷	总氮	悬浮物
Ⅱ类	6~9	≤4	≤3	≤0.05	≥6	≤0.5	≤0.1	≤0.5	≤100
Ⅲ类	6~9	≤6	≤4	≤0.05	≥5	≤1.0	≤0.2	≤1.0	

施工期污水综合排放标准限值(单位:mg/L,pH 除外)　　　　　　表 7-3

项目	pH	COD(化学需氧量)	BOD(五日生化需氧量)	石油类	SS	氨氮
一级标准	6~9	≤100	≤20	≤5	≤70	≤15

地下水质量标准(单位:mg/L,pH 除外)　　　　　　表 7-4

项目	pH	总硬度	大肠杆菌	氨氮	高锰酸盐指数	溶解性总固体
Ⅲ类	6.5~8.5	≤450	≤3	≤0.2	≤3	≤1000

建筑施工场界环境噪声排放限值[单位:dB(A)]　　　　　　表 7-5

昼间	夜间	备注
70	55	夜间噪声最大声级超过限值幅度不得高于15dB(A)

大气污染物综合排放标准限值(单位:mg/m³)　　　　　　表 7-6

污染物	生产工艺	最高允许排放浓度	无组织排放监控浓度限值
颗粒物	施工扬尘	120	1.0
沥青烟	熔炼、浸涂	40	不得有明显的无组织排放存在
	建筑搅拌	75	

饮食业单位的油烟最高允许排放浓度和油烟净化设施最低去除效率　　　　　　表 7-7

规　模	小　型
最高允许排放浓度	2.0mg/m³
净化设施最低去除效率	60%

图 7-14　生态环境检测报告

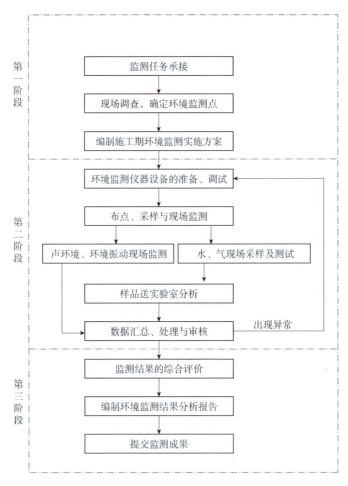

图 7-15 公路施工期环境监测工作流程图

根据已批复的环境影响报告书中涉及的环境监测措施及其布局情况、环境影响评价预测结果,结合工程实际施工期环境影响特点,在监测分区的基础上,按照开挖面、填筑面、临时堆土(渣)及施工平台等不同侵蚀单元选择性地布设了相应的监测点位(图 7-16),监测分析方法按国家标准、环境保护主管部门有关规定执行。

以国家相关标准为指导,对经乌高速公路项目沿线水环境、声环境、大气环境、固体废物以及生态环境五个方面进行了环境监测与检验。经统计,2020 年度声环境监测结果达标率 100%,监测结果均符合《建筑施工场界环境噪声排放标准》(GB 12523—2011)。施工期间对施工废水进行沉淀、过滤、回用,减轻了公路施工对沿线河流水质的影响,通过咨询沿线群众可知,工程施工未对附近水质造成明显影响。对工程施工期临时占地,均安排专人负责清扫路面、定期洒水,以防止二次扬尘。在途经村屯的路段设置隔声隔尘挡板降低扬尘影响。施工所用的土方、水泥和石灰等散装施工材料在运输、装卸和临时堆放时,采取了密闭运输、遮盖、洒水和遮风遮挡措施,减少了沿途抛洒及扬尘量,施工过程中有关环境空气与固体废物的指标满足相关要求。施工对沿线耕地、植被的影响仅局限于主体工程占地范围内,没有对沿线动植物生物多样性、种群及生态系统产生明显影响。经乌高速公路项目建设过程中生态环境相关检测指标均满足国家相关要求,与经乌高速公路"绿色、生态、环保"的建设主旨相契合。

图 7-16 定位监测点工作照片

7.3 注重资源节约

7.3.1 施工图设计阶段进行平纵面优化设计

经乌高速公路项目在施工图设计中,通过调整转弯半径、线位平移、缩减桥长、优化长直线等方式对总计 4 处、长约 26km 的路段进行了平面优化;通过减小坡长、降低路基高度、加强与地形的适应性等方式对总计 7 处、长约 18km 的路段进行了纵断面优化。通过上述设计优化(表 7-8、图 7-17~图 7-19),全线共减少挖方 156 万 m^3,减少填方 35 万 m^3,占地减少约 215 亩。

平纵面设计优化　　　　　　　　　　　　　　　表 7-8

序号	优化段落	优化效果
1	JD1	将平曲线半径由 2400m 增大到 2500m,减少 K1+957.404 附近的挖方
2	K3+300~K5+830	对纵断面进行优化调整后,平纵组合更佳,填方高度降低约 3m

续上表

序号	优化段落	优化效果
3	JD3	平曲线半径由 2300m 调整为 1650m,减少 K5+831.728 附近的挖方
4	K24+000~K30+000	对平面进行优化,取消了冲沟 3 号大桥(6×30m),路线里程仅增加 10.7m,减小工程规模
5	K35+000~K50+000	对平面进行优化,使萨岭河大桥桥长由 1010m 优化为 980m;改善 K41+259.327~K44+693.044 段长直线,与地形适应性更好
6	K66+000~K70+000	直线长度由 2098.5335m 减小为 1992.4984m,与地形适应性更好
7	K11+420~K13+182	通过减小坡长,降低填方高度,最大处降低 6m
8	K42+271~K44+800	通过降低 K42+990 变坡点标高,降低整个路段的填方高度,最大处降低约 4m
9	K56+263~K60+950	对纵面进行优化,加强与地形的适应性
10	K85+600~K86+860 K89+640~K92+670 K93+800~K96+000	进行纵断面优化,减少挖方

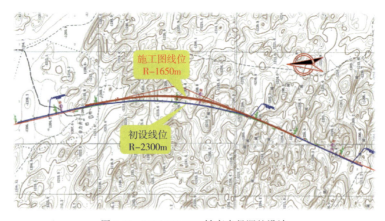

图 7-17　JD3(K5+831)转弯半径调整设计

图 7-18　K24+000~K30+000 段线位平移设计

图 7-19　K35+000～K60+000 段长直线优化设计

7.3.2　线形灵活设计

经乌高速公路项目采取了平面线形优化设计，灵活运用平面指标，使路线适应地形起伏，与地形、地物、环境和景观相协调，并与纵面线形和横断面相互配合，保持线形的连续性与均衡性。全线长 96.151km，最小平曲线半径为 1500m，最大直线长度为 4342.827m。全段平曲线长度占路线总长度的 61.1%，避免长直线或单个长大平曲线带来的驾驶疲劳和视觉疲劳。灵活选择全线纵断面设计指标，最大纵坡为 3.5%，最小竖曲线半径为凸形 10000m/11 个、凹形 10000 m/13 个，最短坡长 300 m，竖曲线占路线的 53.1%。相邻竖曲线之间的直线段长度均满足技术标准要求，使平纵线形吻合地形，避免大填大挖，减少对环境的影响。减少了路基的开挖和填筑，节省了工程占地。主要线形优化设计技术指标见表 7-9。

主要线形优化设计技术指标表　　　　　　　　表 7-9

序号	项　目	单　位	指　标
1	路线总长	km	96.151
2	路线增长系数	—	1.098
3	平均每千米交点数	—	0.437
4	平曲线最小半径	m/个	1500/5
5	平曲线占路线总长	%	61.1
6	直线最大长度	m	4342.827
7	最大纵坡	%/m/处	3.5/1
8	最短坡长	m	300
9	竖曲线占路线总长	%	53.1
10	平均每公里纵坡变更次数	次	1.591
11	竖曲线最小半径：	—	—
	凸形	m/个	10000/11
	凹形	m/个	10000/13

7.3.3 严格控制施工界面

经乌高速公路项目在全线占地范围内提前设置了隔离栅(图7-20),严格控制施工界面,同时加强施工过程管理,严格限制施工机械和人员在隔离栅范围内开展施工作业,提前设置的隔离栅作为高速公路建成后的隔离栅使用。对于全线近100km的施工便道,一方面尽量将其设置于占地界内,减少公路施工扰动,另一方面对路域周边原有道路进行改建和硬化,减少对周边环境的干扰和临时占地。这种施工界面控制措施在内蒙古地区属于首次大规模全线应用,既有效减少了公路施工对周边环境的破坏,也通过"永临结合"的措施将集约节约的绿色公路建设理念落到了实处。在施工阶段通过实施严格的界面控制,不但减轻了对环境的影响和破坏,而且减少了工程占地,保护了珍贵的草原土地资源。

图 7-20 现场设置隔离栅与实施情况

7.3.4 永临结合

经乌高速公路项目在建设过程中统筹布设公路施工临时便道(图7-21),将施工便道设置在路基红线内,减少临时占地,充分利用了现有资源,减少了重复建设与临时工程的占地面积,也减少了草原植被的破坏面积。

图 7-21 临时道路

7.4 注重节能减排

7.4.1 节能措施

7.4.1.1 节水措施

经乌高速公路项目积极节约水资源,在驻地厕所里设置了自动感应水龙头(图7-22)和便池自动冲水设备(图7-23),减少用水量,有效节约用水。

图7-22 感应水龙头　　　　　　图7-23 自动冲便池

7.4.1.2 节电措施

经乌高速公路项目在驻地职工宿舍使用节能灯,同时在驻地院内设置节能路灯和节能灯箱(图7-24、图7-25),最大限度地利用太阳能资源,节能又环保。

图7-24 太阳能灯箱　　　　　　图7-25 太阳能路灯

7.4.2 减排措施

7.4.2.1 大气降尘

经乌高速公路项目施工期间,在混凝土及水稳拌和站每个出料口处均设置自动雾化喷淋装置,减少平皮带运行产生的扬尘。装载机上料仓设置彩钢棚架,内设自动雾化喷淋装置,减少上料过程产生的扬尘。拌和站内硬化道路一侧预埋管道,每间隔15m设置喷头,根据空气质量监控中心显示的空气、污染物超标警示,启动间歇式自动喷淋控制器,减少运输过程中的扬尘。沥青拌和站利用脉冲除尘器和轴流风机产生压差,使拌缸门四周形成负压区,将烟尘和粉尘通过收集器和管道吸入滚筒,经除尘箱回收系统,再经加湿拌缸排出并统一处理。经检验,使用该系统卸料和低温料洗锅料排放过程中的烟粉尘吸收率达80%以上。对混凝土拌和主楼、灰土拌缸、传送带、集料仓等粉尘产生部位进行外封处理,控制粉尘产生的源头,起到降尘降噪的效果,且降尘系统所用水由自动洗车平台废弃水经三级沉淀后提供,节约水资源。降尘系统的建立对整个施工区的空气环境起到了极大的改善作用,如图7-26所示。

图7-26　大气降尘措施

7.4.2.2　污水处理

经乌高速公路项目建设过程中设置三级沉淀池,循环利用场站内蒸汽养生等产生的废水,对废水进行沉淀处理再利用,节约水资源,如图7-27所示。

7.4.2.3　垃圾处理

生活区和厂区内设置垃圾桶,定期将垃圾桶内的垃圾倾倒至垃圾池内,垃圾池内的垃圾由相关部门运走进行无害化处理,减少垃圾对环境造成的影响,如图7-28所示。

第7章
生态——实现绿色环保

图 7-27　污水处理

图 7-28　垃圾处理

第8章 企业——塑造品牌形象

8.1 创建项目党建品牌

8.1.1 加强组织领导,落实党建工作

经乌高速公路项目(简称"经乌项目")是国家重点示范项目,同时也是自治区重大战略发展项目,为进一步强化新形势下国有企业建设项目的政治思想工作,充分调动广大职工干部的积极性和创造性,有效发挥党组织的战斗堡垒和党员的先锋模范作用,提升经乌高速公路建设项目工程品质,经内蒙古高等级公路建设开发有限责任公司党委批准,于2018年4月成立了与经乌高速公路项目相适应的党支部。目前党支部有党员15人(包括建设单位11人,投资公司1人,施工单位2人,其他1人),设支部书记1名,兼职党务工作者1名(女),研究生学历1人,大专及以上学历14人,党支部书记始终履行党建工作第一责任人政治职责,全面履行"一岗双责",增强了对党负责、对经乌项目政治生态负责的责任感和使命感,切实担负起全面从严治党的主体责任,夯实管党治党责任主体。经乌项目党支部以习近平新时代中国特色社会主义思想为指导,全面贯彻党的十九大和十九届二中、三中、四中、五中全会精神,严格落实新时代党的建设总要求,坚持以政治建设为统领,以深入推进"3211"党建工作体系为主线,以实现公司支部建设规范化、标准化、制度化为目标,不断提高公司党的建设工作质量和成效,为推动经乌项目建设提供坚强政治思想和组织保障。

8.1.2 创建"党员之家"活动阵地,助力党建品牌创建

为进一步强化党员队伍思想素质教育,丰富经乌项目党员干部业余生活,满足干部职工精神需求,增强党员干部凝聚力和归属感,经乌项目党支部精心打造了党建活动阵地——"党员之家"(图8-1)。通过聚集党员干部在党员之家开展党员大会、支委会、党风廉政建设专题会,督促党支部成员认真学习习近平新时代中国特色社会主义思想和党的十九大精神,深入学习贯彻党的理论及习近平总书记系列讲话,传达学习上级党组织会议精神及文件精神,落实党员学习制度,切实增强党员干部的政治思想素质和综合素质。通过建设党建活动墙、党务公开栏,设置党内法规及规章制度展示柜,摆放党建宣传图版和各类

图8-1 党员之家

图书等多种手段营造鲜明的政治氛围,为党员活动、学习交流、提升自我认知提供平台,增加党支部的凝聚力和战斗力。党员之家现有各类知识图书1000余册,另有党建宣传图版、宣传资料(图8-2),设置了党内法规及规章制度展示柜(图8-3)。

 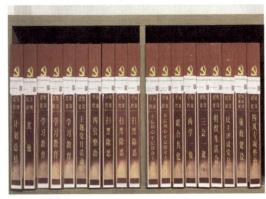

图8-2 党建图书与党建资料

图8-3 制度展示柜

8.1.3 开展主题多样的党日活动,发挥党组织先锋模范作用

经乌项目党支部为充分发挥党组织和党员在推进项目建设重大任务中的战斗堡垒作用和先锋模范作用,强化经乌项目全线党组织建设,立足项目实际情况,与第二公路建设管理分公司党支部共同出台了《"党建引领 共促共建"系列主题活动实施方案》,成立了共建领导小组,将基层组织共建、党员队伍共育、主题党日共办、重大任务联干、志愿服务共创等理念纳入系列活动内容当中,以庆祝建党98/99周年、新中国成立70周年等重大节日为契机,先后开展了"不忘初心 牢记使命"主题党日暨庆祝建党98/99周年系列活动、庆祝新中国成立70周年"我和我的祖国"主题党日系列活动等(图8-4、图8-5),营造了党建引领项目攻坚的良好氛围,推动了党建工作与业务工作深度融合。

通过"让党旗在项目一线飘扬"授旗仪式,建立6支党员突击队伍,引导一线党员干部在重大任务中打头阵、挑大梁、当尖兵(图8-6),发扬连续作战、任劳任怨、顽强拼搏的工作作风,使党员突击队的旗帜成为经乌高速公路建设中一道靓丽的风景线,对先进党员突击队进行了表彰(图8-7)。

内蒙古丹锡高速公路经棚至乌兰布统段
品质工程创建理念与实践

图 8-4　庆祝新中国成立 70 周年"我和我的祖国"主题党日活动

图 8-5　"不忘初心　牢记使命"主题党日活动

图 8-6　党员突击队打头阵、挑大梁　　　　　图 8-7　先进党员突击队表彰活动

8.1.4　强化党风廉政建设,营造良好干事创业环境

为进一步加强经乌高速公路建设项目党风廉政建设工作,确保干部廉洁、工程优质,经乌项目党支部召开党风廉政专题研究部署会(图8-8),严格落实中央八项规定精神,坚定不移贯彻全面从严治党要求,夯实管党治党主体责任,全面履行"一岗双责",不断完善廉政风险防控制度建设,规范权力运行,坚持把纪律规矩挺在前面,常态化、制度化组织开展警示教育活动,把开展集中整治形式主义、官僚主义、"四官"问题专项行动(图8-9)、扫黑除恶专项斗争、民生领域专项整治工作"五个专项行动"作为重点整治工作贯穿始终,主动接受群众监督,营造风清气正的干事创业环境。

图8-8　党风廉政专题研究部署会

图8-9　整治"四官"问题、净化政治生态推进会

8.2　提升项目人员综合素质

8.2.1　岗位培训与考核

为全面评价公司管理人员的岗位表现和工作实绩,规范工作人员培训制度,提高工作效能,提升经乌高速公路项目管理人员综合素质,建设高素质工作人员队伍,形成良好的内部管理机制,结合公司实际情况和工作需求,制定了《内蒙古经乌高速公路管理有限责任公司管理人员岗位考核和培训制度》,以此为基础开展对公司所有在职在岗工作人员的培训与考核工作。

8.2.1.1　强化组织培训,提升管理人员综合素质

1)经乌高速公路品质工程创建宣贯培训

为全面提升经乌高速公路项目管理人员对品质工程的认知水平,明确经乌高速公路品质工程创建过程中的具体任务,于2020年3月制定了经乌高速公路品质工程建设指导性文件——《经乌高速公路品质工程创建及实施总体方案》和《经乌高速公路示范创建项目品质工程建设任务清单》,对经乌高速公路品质工程创建过程中的总体目标、具体任务和相应的措施等内容进行了详细说明,对各参建单位的工作任务进行了划分。于2020年5月组织召开宣贯会,通过视频会的方式对《经乌高速公路品质工程创建及实施总体方案》和《经乌高速公路示范创建项目品质工程建设任务清单》进行宣贯,对参建单位技术骨干进行培训(图8-10)。

图 8-10　经乌高速公路品质工程视频宣贯培训

2）经乌高速公路品质工程创建过程督导

为使经乌高速公路品质工程项目按计划推进实施，纠正品质工程落实过程的不合规、不合理现象，截至 2020 年 8 月，经乌高速公路管理有限责任公司对品质工程整体推进情况开展了 3 次检查督导工作（图 8-11），从多个角度对经乌高速公路品质工程项目进行了现场指导、咨询，对参建单位的内业资料以及项目施工现场进行了全面、系统的考察，对各施工分部、监理单位、设计单位的工作任务完成情况进行了打分评比；并形成了《经乌高速公路品质工程创建第一次过程交流咨询报告》，指出了目前项目建设过程中存在的问题，针对相关问题提出相应的解决方案，进一步提高了经乌高速公路各参建单位技术骨干对品质工程创建的全面认识和精准把控。

图 8-11　品质工程现场指导

3）组织项目人员参加品质工程交流会

为进一步提升经乌高速公路项目管理人员业务素质，2020 年 9 月下旬，建设单位组织项目参建人员前往河北省参加第三届品质工程论坛，并考察学习全国公路水运品质工程示范项目——延崇高速公路项目（图 8-12），从创建理念、管理措施、专业化施工、资源统筹利用、先进技术应用、资料总结等多个方面深入学习，并将延崇高速公路品质工程建设过程中采用的先进经验和优秀做法与经乌高速公路项目各参建单位进行探讨，促进经乌高速公路品质工程创建活动的深入开展。

图 8-12　品质工程现场学习交流

8.2.1.2　加强人员考核,提高职员工作能效

为客观、全面评价经乌高速公路品质工程创建过程中工作人员的岗位表现和工作实绩,提高工作人员工作效能,建设单位通过召开民主测评大会的形式,以年度为单位,围绕"德、能、勤、绩、廉"五个方面对管理人员的工作进行民主测评考核,考核等级分为"优秀""称职""基本称职""不合格"四级。考核结果将作为人员调整、选拔使用和职务升降的重要依据。

8.2.2　人才激励机制

为确保公司决策和目标的实现,增强公司的凝聚力和竞争力,建立健全科学有效的现代企业管理体系,持续不断优化和促进管理水平创新提升,努力实现员工和企业发展双赢,结合公司现实目标和工作需求,制定了《内蒙古经乌高速公路管理有限责任公司管理人员激励和信用评价制度》,其中人员激励主要包括行政激励、物质激励、升降激励、调迁激励等,通过对项目工作人员的激励,使项目成员获得信任感、尊重感和亲密感,从而调动职员积极性;信用评价则由公司组成信用评价领导小组,从民主测评、个别谈话、领导点评三个方面对公司员工在项目建设过程中的工作质量进行调查评价,并将员工调查评价结果进行统计、汇总、分析和上报。以此为依据,对公司所有人员进行个人信用评价和工作激励。

8.3 加强公路品质工程文化建设

8.3.1 制定品质工程文化建设实施方案

建设单位为全面贯彻落实党的十九大和十九届二中、三中、四中全会精神,确保公司品质工程文化长效机制,更好地维护经乌高速公路建设项目和谐稳定发展,制定了《经乌高速公路品质工程文化建设实施方案》。方案确定了深化党建工作,推动党建工作和业务工作深度融合;坚持以人为本,培育品质工程文化,弘扬工匠精神;提炼文化内涵,打造特色鲜明的经乌文化品牌的品质工程文化建设具体目标。结合经乌高速公路项目实际情况和目标需求制定了12项具体的措施,如表8-1所示。

经乌品质工程文化建设目标及主要措施　　　表8-1

目　标	主　要　措　施
深化党建工作,推动党建工作和业务工作深度融合	※强化党支部组织领导建设,充分发挥党支部战斗堡垒作用 ※注重党员教育,提升党员队伍思想素质 ※创建党员之家,增强党员干部凝聚力与归属感 ※积极开展主题多样的党日活动,发挥党组织先锋模范作用 ※加强党风廉政建设,营造良好干事创业环境
坚持以人为本,培育品质工程文化,弘扬工匠精神	※加强项目施工现场品质工程宣传,创造直观的品质工程创建氛围 ※弘扬工匠精神,着力培养一支具备现代工程管理能力、专业技能、良好职业道德的工程管理骨干队伍 ※注重项目人员精神文明建设,深入贯彻以人为本的品质工程建设理念 ※紧扣经乌高速公路品质工程创建理念,树立"全过程、动态化、网格化"的宣传理念 ※强化品质工程组织宣传活动,提升项目先行示范的引领作用
提炼文化内涵,打造特色鲜明的经乌文化品牌	※加强品质文化总结,提升品质工程"以文化促建设"的引导作用 ※强化经乌品质文化与企业文化的融合发展,培育与时俱进的特色经乌文化

公司将落实《经乌高速公路品质工程文化建设实施方案》分为宣传动员、组织实施、总结提升三个阶段,通过全面部署、有序开展和凝练成果开展品质工程文化建设工作,形成人人关心品质、人人创造品质、人人分享品质的浓郁文化氛围,推进经乌高速公路品质工程建设各项工作的可持续健康发展,同时引导公司将品质工程作为工程项目和企业创建品牌的重要载体,提升企业对自身信誉和荣誉的价值追求。品质工程文化建设交流如图8-13所示。

8.3.2 品质工程建设全方位、全过程培训与宣传

为营造全员参与创建品质工程的文化氛围,全方位宣传经乌品质工程建设目标,采取了现场培训、专业人员观摩指导、标语宣传、网络媒体宣传等多种宣传方式。

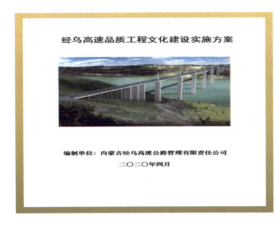

图 8-13 品质工程文化建设交流

8.3.2.1 现场宣传培训

建设单位于 2020 年 5 月组织召开宣贯会,通过视频会的方式对《经乌高速公路品质工程创建及实施总体方案》和《经乌高速公路示范创建项目品质工程建设任务清单》进行宣贯(图 8-14),对参建单位技术骨干进行培训。在品质工程建设过程开展了 3 次检查督导工作,进一步提高了各参建单位技术骨干对品质工程创建的全面认识和精准把控。

图 8-14 品质工程宣贯培训

8.3.2.2 专业人员观摩指导

为使得经乌高速公路品质工程项目在现有基础上进一步改进,建设单位组织召开了2次现场观摩指导会,对经乌高速公路品质工程建设进行现场宣传指导,路桥集团各处技术骨干和内蒙古自治区交通运输厅质监站、各盟市质监站骨干成员分批次对经乌高速公路品质工程项目进行了现场观摩和指导(图8-15),公司根据相关指导意见对品质工程建设过程中存在的不足进行及时修正。

图8-15 专业人员现场观摩指导

8.3.2.3 现场标语宣传

为在项目现场创造直观的品质工程创建氛围,全方位提升项目现场管理人员和一线工人对品质工程创建的认识水平。建设单位在施工现场通过标语(图8-16)、数字化大屏等方式对品质工程创建的核心内容进行积极宣传,使项目现场管理人员和一线工人全面、系统了解经乌高速公路品质工程创建理念,从而实现对经乌高速公路品质工程创建工作的精准把控。

图8-16 现场标语宣传

8.3.2.4 网络媒体宣传

为营造全员参与创建经乌高速公路品质工程的文化氛围,利用实时联通、信息共享的

"经乌简讯"网络平台(图8-17),第一时间收集、掌握和处理经乌高速公路品质工程的网络舆情,为宣传工作创造良好的环境,实现动态宣传。

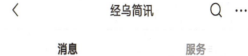

图8-17 经乌简讯公众号信息共享

与此同时,依托内蒙古电视新闻联播、"新闻天天看"等品牌新闻栏目和主流媒体宣传平台,对经乌高速公路品质工程项目不同阶段的特点进行全过程的宣传与跟踪报道(图8-18)。搭建与社会公众互动新渠道,实现对大众的引导,提高了经乌高速公路品质工程的知名度与美誉度。

图 8-18

图 8-18　主流新闻媒体跟踪报道